语言学与应用语言学知识系列读本

现代语言学流派概论

封宗信 编著

图书在版编目 (CIP) 数据

现代语言学流派概论 / 封宗信编著 . —北京：北京大学出版社，2006.4

（语言学与应用语言学知识系列读本）

ISBN 978-7-301-09376-4

Ⅰ.①现… Ⅱ.①封… Ⅲ.①语言学—高等学校—教学参考资料 ②语言学派 – 高等学校 – 教学参考资料 Ⅳ.① H0

中国版本图书馆 CIP 数据核字 (2005) 第 080617 号

书　　　名	现代语言学流派概论
著作责任者	封宗信　编著
策 划 编 辑	张　冰　黄瑞明
责 任 编 辑	黄瑞明
标 准 书 号	ISBN 978-7-301-09376-4/H·1517
出 版 发 行	北京大学出版社
地　　　址	北京市海淀区成府路 205 号　100871
网　　　址	http://www.pup.cn　　新浪微博：@ 北京大学出版社
电 子 邮 箱	编辑部 pupwaiwen@pup.cn　　总编室 zpup@pup.cn
电　　　话	邮购部 010-62752015　发行部 010-62750672
	编辑部 010-62759634
印 刷 者	三河市北燕印装有限公司
经 销 者	新华书店
	650 毫米 ×980 毫米　16 开本　14 印张　200 千字
	2006 年 4 月第 1 版　2024 年 1 月第 7 次印刷
定　　　价	38.00 元

未经许可，不得以任何方式复制或抄袭本书之部分或全部内容。

版权所有，侵权必究

举报电话：010-62752024　电子邮箱：fd@pup.cn

图书如有印装质量问题，请与出版部联系，电话：010-62756370

语言学与应用语言学知识系列读本 编委会

主编 胡壮麟　彭宣维

编委（按姓氏笔画排列）
　　　　王 蔷　文 军　田贵森　史宝辉
　　　　冉永平　刘世生　齐振海　李福印
　　　　张 冰　张 辉　武尊民　林允清
　　　　封宗信　钱 军　崔 刚　彭宣维
　　　　程晓堂　戴曼纯

总　序

"语言学与应用语言学知识系列读本"最早是由北京师范大学外国语言文学学院彭宣维教授、王星教授和北京大学出版社张冰编审共同策划的。三位先知先觉者的基本思想我较清楚。首先，他们认为近年来我国研究生招生人数不断增加，但社会的迅速发展又向研究生的培养质量提出了更高的要求；知识面、思辨能力、创造性等的培养，已成为目前研究生教育中亟待解决的问题。其次，解决研究生教育的培养问题，要抓好源头，即有必要将专业基础知识的学习从研究生入门逐渐下移到本科阶段，以解决外语专业学生与同时入学的其他系科同学相比在科研能力和学术潜力上有所不及的问题。我非常赞同彭宣维教授、王星教授和张冰编审的远见卓识，愿意为他们摇旗呐喊，冲锋陷阵。

在三位策划者的启示和鼓励下，我大胆补充一些个人的看法。自上世纪80年代中，国内就流传一种怪论，说英语不是专业，是个工具，于是要求外语系科学生都要另选一门专业或方向。我听到这种公然反对国务院学位委员会专业设置目录的论调总感到不是滋味，并在国内外多种场合争辩。现在"语言学与应用语言学知识系列读本"的出版就是向世人表明，外语专业的学生，研究生也好，本科生也好，要学的东西很多，把外语学习仅仅看作听说读写的技能训练，实为井底蛙见。

在"外语不是专业是工具"的口号下，在大学外语系科里，一度泛起增设"外交、外事、金融、贸易、法律、秘书、教育技术、新闻、科技"等方向的热潮,以至于让我们那些系主任们、院长们手忙脚乱,穷于对付。其实,我们的年轻人毕业后想干什么,自己心里最清楚,不必我们的系主任们、院长们多操心,指腹为婚;何况毕业后就业市场千变万化,我们在本科期间要设置多少方向才算具有市场意识呢?我认为,对于我们的外语系科的本科生来说,应首先让他们接受通识教育,才能在今后的工作岗位上得心应手。再者,从新世纪的全球化、国际化趋势来看,我们培养的人才还应是具有能进行创造性思维的人才,而不是人云亦云、照葫芦画瓢者。就外语系科来说,让学生只会围着外语"工具"操作,不会动脑,终究不是办法。

我的上述观点绝非空穴来风,也非杞人忧天。最近,教育部外语教育指导委员会英语组的专家们去国内四所大学对英语专业进行试评。报告中有一段话引人深思,现摘录如下:"然而,试评结果表明高校英语专业本科教学中的学科建设却不甚乐观。个别院校对英语(语言文学)专业的学科内涵不很清楚;制定的学科规划既与该校的层次定位不相符,也不符合外语学科的基本规律;课程设置与全国高校英语专业教学大纲的要求有一定距离;培养的学生基本功不扎实;教学管理比较混乱,质量意识不强。"①

再来看看大学英语教育,教育部高教司领导和大学英语教育专家已达成共识,在《大学英语课程教学要求(试行)》中明确"大学英语是以英语语言知识与应用技能、学习策略和跨文化交际为主要内容,以外语教学理论为指导,并集多种教学模式和教学手段为一体的教学体系"。在课程设置方面则提出:"将综合英语类、语言技能类、语言应用类、语言文化类和专业英语类等必修课程和选修课程有机结合,以确保不

---

① 戴炜栋、张雪梅:《谈英语专业教学评估和学科建设》,《中国外语》2005年第2期,总第4期,第4~7页。

同层次的学生在英语应用能力方面得到充分的训练和提高。"遗憾的是,现在国内有些出版社过多地关注主干课教材的出版,对全面贯彻《教学要求》的其他教材所花力度不够。

所有这些说明,为高校外语专业学生、大学外语学生和其他相关专业的学生提供拓宽知识面、增强思辨力、孕育创新精神的各种教材和阅读材料甚为必要。如今北京大学出版社的"语言学与应用语言学知识系列读本"必将弥补这方面的空缺,为培养名副其实的优秀外语人才做出长远贡献。

本丛书是开放式的,除欢迎读者对已出版的种类提出宝贵意见外,也欢迎对选题提出建议。我们也期待老师们参与选题和写作。让我们为探索、改进和提高中国外语教育,为培养更多掌握语言知识和技能并具有创造性思维的人才共同合作、共同努力。

胡壮麟
北大清华蓝旗营小区
2005 年 9 月 10 日

前　言

　　20世纪的现代语言学理论,在语言学史上是发展最快、最活跃的。瑞士语言学家索绪尔开创了结构主义理论并把语言学真正变成科学之后,现代语言学摆脱了古老传统的重负,取得的卓著成就使语言学成了一门"领先的科学"(linguistics as a pilot science)。尤其是20世纪下半叶,以结构主义为总特征的形形色色的语言学流派和新兴交叉学科风起云涌,令人目不暇接。随着语言学成为高等院校本科生的主要课程以及研究生的专业研究方向之一,语言学专业的学生在理论层面较为深入地了解现代语言学发展历程和主要流派脉络成为必要。

　　本书是现代语言学理论的一个概论。本系列的学术定位决定了本书的设计宗旨:此"概"者,非史纲式概述,如果不算是以偏概全,至少也是以点概面。因此本书从现代语言学奠基人索绪尔的理论开始,沿着欧美两条线介绍了20世纪的主流语言学理论流派,有功能主义学派中影响较大的布拉格学派、哥本哈根学派、伦敦学派以及在伦敦学派传统下发展起来的系统功能语言学,也有美国描写主义和结构主义语言学派的不同理论、转换生成语言学各个阶段的理论以及带有离经叛道性质的生成语义学和格语法。

　　之所以说本书"以点概面",是因为按常理,介绍现代语言学不能不顾及18、19世纪的历史比较语言学。即使只限于20世纪的现代语言学,也有很多东西不能在这本概论中囊括。本书包括的欧美主要语言学理论流派,也不是欧美语言学的全部。实际上欧美还有很多其他影响较大的现代语言学理论,如丹麦叶斯柏森(Jespersen)的语言理论、法国马丁内(Martinet)的功能语言学理论、德国语言学家的配价语法、荷兰迪克(Dik)的功能语法、英国伽兹达尔(Gazdar)等人的广义短语结构语法、波兰逻辑学家列斯纽斯基(Lesniewski)等人提出的范畴语法、俄罗斯的功能语法等。美国结构主义语言学里除了本书介绍过的派克的法位学、雷考夫等人的生成语义学和菲尔墨的格语法外,还有关系语法、层次语法、蒙塔古语法、对弧语法、切夫语法、界面语法、词汇—功能语法等。20世纪的心理语言学、社会语言学、语用学、数理语言学、计算语言学、认知语言学等都是现代语言学理论的重要流派和新兴学科。

我在北京外国语大学期间与刘润清教授合著《语言学理论与流派》(英文版,南京师范大学出版社)时,我们就考虑到,面对如此纷繁庞大的语言学理论流派和新兴学科,写任何一本专著都不能面面俱到。本概论也只能围绕现代语言学的主要理论流派,概括性地介绍它们的产生背景、基本理论、主要研究方法、不同发展阶段的代表人物、标志性著作及其影响等等,刘润清教授在《西方语言学流派》(外语教学与研究出版社,1995)的结束语中写道:"从事专题研究的读者,只能以本书为起点,进而阅读提供的参考文献。"本《概论》与之相比,只能是起点的起点。

本书在编写过程中,多处参考了《语言学理论与流派》(英文版)的构架。重要的引文,本书都提供了出处。但考虑到本书的定位和目标读者的实际需要,未对每一处引文做过分详细的标记。凡未标记具体出处的引文,均可在高级阶段阅读英文版《语言学理论与流派》时在相关章节中找到出处。除参考了一定数量的原著外,还借鉴和参考了国内许多学者的专著和相关论述(见书后参考文献),在此对所有参考文献的作者谨表感谢。

在编写过程中得到了北京大学教授胡壮麟先生和北京外国语大学教授刘润清先生的关心和支持,也得到了清华大学刘世生教授、北京师范大学彭宣维教授的关心和北京大学出版社的支持,在此谨表感谢。清华大学外语系研究生潘璐、车靖、史丽娜帮助整理了第四章(系统功能语言学)初稿,一并表示感谢。

由于编者水平有限,本书中的缺点和错误在所难免,请广大读者和同行专家批评指正。

封宗信

2005年秋于清华园

目 录

第一章　导论/1
　　1.1　语言学理论是什么/1
　　1.2　语言学是科学吗/3
　　1.3　语言学理论:过去与现在/4
第二章　现代语言学的开端/8
　　2.0　引言/8
　　2.1　索绪尔思想的来源/9
　　2.2　索绪尔的理论/14
　　2.3　索绪尔的遗产/17
　　2.4　小结/18
第三章　早期功能主义语言学理论/19
　　3.0　引言/19
　　3.1　布拉格学派/20
　　　　3.1.1　绪论/20
　　　　3.1.2　语言理论/20
　　　　3.1.3　音位学和音位对立/24
　　　　3.1.4　区别性特征/27
　　　　3.1.5　句子功能前景/29
　　3.2　哥本哈根学派/34

3.3 伦敦学派/39
　　3.3.1 马林诺夫斯基的理论/39
　　3.3.2 弗斯的语言学理论/41
　　　　3.3.2.1 意义研究/43
　　　　3.3.2.2 语音研究/45
3.4 结语/47

第四章　系统功能语言学理论/48
4.0 引言/48
4.1 韩礼德其人/49
4.2 韩礼德的语言观/51
4.3 系统语法/53
　　4.3.1 入列条件/56
　　4.3.2 精密度阶/57
　　4.3.3 意义潜势和体现关系/58
4.4 功能语法/59
　　4.4.1 概念功能/61
　　　　4.4.1.1 物质过程/62
　　　　4.4.1.2 心理过程/62
　　　　4.4.1.3 关系过程/63
　　　　4.4.1.4 行为过程/65
　　　　4.4.1.5 言语过程/65
　　　　4.4.1.6 存在过程/66
　　　　4.4.1.7 过程类型小结/67
　　4.4.2 人际功能/68
　　　　4.4.2.1 语气与剩余部分/68
　　　　4.4.2.2 情态与意态/69
　　　　4.4.2.3 言语功能/70
　　4.4.3 语篇功能/71
4.5 韩礼德与社会语言学/74
　　4.5.1 语言与社会人/74
　　4.5.2 语场/76

  4.5.3 语旨/77
  4.5.4 语式/78
  4.5.5 语域与语类/79
 4.6 理论问题/80

第五章 美国描写与结构主义语言学/85
 5.0 引言/85
 5.1 美国语言学的序幕/87
 5.2 早期研究/88
  5.2.1 鲍阿斯/88
   5.2.1.1 鲍阿斯的语言观/89
   5.2.1.2 鲍阿斯的贡献/95
  5.2.2 萨丕尔/96
  5.2.3 萨丕尔—沃尔夫假说/103
 5.3 布龙菲尔德时期/108
 5.4 后布龙菲尔德时期/116
  5.4.1 哈里斯/117
   5.4.1.1 基本原则/117
   5.4.1.2 分析的程序/118
   5.4.1.3 语音分析/119
   5.4.1.4 语法分析/120
   5.4.1.5 转换分析和线性分析/124
  5.4.2 霍凯特/127
   5.4.2.1 霍凯特的《现代语言学教程》/127
   5.4.2.2 霍凯特的语法描写/128
  5.4.3 派克/129
 5.5 小结/131

第六章　转换生成语言学/133
　6.0　引言/133
　6.1　乔姆斯基其人/135
　6.2　乔姆斯基的语言哲学/135
　　6.2.1　背景/135
　　6.2.2　语言是什么/136
　　6.2.3　天赋假设/137
　　6.2.4　普遍语法与个别语法/140
　　6.2.5　生成语法是什么/140
　6.3　古典理论/141
　6.4　标准理论/148
　　6.4.1　基础部分/151
　　6.4.2　词库/152
　6.5　扩展的标准理论/153
　　6.5.1　转换部分/160
　　6.5.2　α-移动/160
　　6.5.3　逻辑形式/164
　　6.5.4　约束条件/165
　6.6　管辖与约束理论/166
　　6.6.1　普遍语法与核心语法/167
　　6.6.2　规则系统/168
　　6.6.3　原则系统/169
　6.7　最简方案/171
　6.8　小结/174

第七章　生成语义学和格语法/176
　7.1　生成语义学/176
　　7.1.1　生成语义学的背景/177
　　7.1.2　生成语义学的诞生/177
　　7.1.3　生成语义学的理论模式/179
　　7.1.4　生成语义学的发展/182
　　7.1.5　小结/183

7.2 格语法/184
    7.2.1 格语法的背景/184
    7.2.2 格的概念/185
    7.2.3 格语法的模式/188
    7.2.4 小结/192

思考题/193
参考文献/195
索引/201

导 论

两千多年前世界上不同的地区就开始了各种语言的研究。不过那时候人们所研究的只限于古代书面语言，其目的要么是进行哲学上的探讨，要么是对古书作校勘和训诂工作，既没有科学的视角也很少能发现语言的内在规律。例如，古印度人把语言看作认识天与地、神与人、禽兽、真假、善恶等等的工具。古希伯来人也关心这些现象的名称，把它们的起源归结为神和一些人的名字。实际上每个民族、每一种文化，都有自己独特的研究语言的方法。但是，古代这些研究都没有建立在科学的基础上，所以未能揭示出语言的本质。

直到19世纪比较语言学产生后，语言研究才开始发掘语言发展的规律，才使语言的研究变成了科学的研究。其后出现了普通语言学，研究范围逐渐扩大开来。可是由于不同的人所持的观点不同，方法不同，受不同学术思潮的影响，意见也不一致，因而形成了许多不同甚至对立的理论学派。

1.1 语言学理论是什么

人与动物的本质区别是人能够发明、制造和使用工具。语言也是一种工具，但它是人类独有的工具。使用、发明和制造工具的人不一定有一套工具理论。

比如说，木工或者铁匠能很熟练地使用工具并开发新工具来提高劳动生产力，但是没有任何理论（即使这样的理论可以最终实现工具使用和工具制造的一场革命）。而对工具进行客观分析并研究总结出工具理论的人，尽管他有可能是使用工具的能手，但并不一定要是个熟练的技工。

但语言是一个特殊的工具，因为所有使用这个工具的人都是能工巧匠。使用语言的人，并不仅仅在使用语言，而且同时在不知不觉地使用自己有关语言的能力（faculty）。这就形成一个特别的现象：客观地研究这个工具，并不是很容易，因此很少人会认为语言研究有什么特别之处。

语言学是一门年轻的科学。还有至少四个原因能说明，语言这一领域的研究给专家和平常人都提出了问题。首先，人类语言的复杂程度远高于人对它的认识。其次，与其他学科不同，语言学的对象和工具都是语言，就是说，我们必须用语言来描述和谈论语言，因为我们没有语言以外的手段来更好地研究它。第三，语言有很大的时间和空间跨度。自古到今，从海内到海外，即使人们使用"同一种语言"，也可能从来没有直接交流过。第四，像思维一样，语言是一个具有个人性和社会性的现象。在我们没有弄清"大脑"、"思维"等概念和术语后面的真实内容之前，只能琢磨其产物，而无法对其产生、储存、记忆、调取等一系列过程进行深入研究。因此，有关语言学的研究、争论以及提出的各种观点和看法，不但外界人看来不怎么像是学问，就连以语言为职业的人，如作家、记者、翻译家、文学批评家、语法学家、语言教师等，也对语言学的发展无法把握。

虽然现在自然科学可以解释有关现实世界的很多东西，但是有关语言，人类还不够了解。在这种意义上讲，语言学仍是一门年轻的学科。英国语言学家沃德豪（Ronald Wardhaugh）曾经写道，如果说星象学经历了很长时间发展到现代天文学，那么语言学仅仅是处在星象学阶段的一门学科（远远没有达到天文学那么高级的阶段）。即使在这个初级阶段，语言学已经提出了不少有趣的观点，像历史上的物理学和化学一样，对整个社会产生过很重要的影响。

语言学曾是与语言教学相关的一门学科。在过去的几个世纪里，语言学实际上对很多学科（社会科学和自然科学）产生过影响。当今研究语言的，不仅仅是语文学家和哲学家，还有人类学家、社会学家、心理学家、行为科学家、数学家、计算机科学家、机器翻译专家，甚至包括医学领域的神经学家和言语矫正专家。随着我们进一步研究语言在现代社会中的多种功能，会更深入地认识传统语言学观念和假设的不足。

1.2 语言学是科学吗

"科学"这一术语在很多情况下专指自然科学及其特有的研究方法。英语中的 science 实际上比德语的 *Wissenschaft* 和俄语的 *HAYKA*，甚至法语的 *science* 涵盖面都要小。语言学作为"科学"，比其他学科的地位都尴尬，英国语言学家莱昂斯（Lyons，1981：37）把它解释为"构成得当的学术性学科（properly constituted academic discipline）"。

虽然"科学"的含义很复杂，语言学的地位没有在语言学以外的领域得到广泛认可，但很多人认为，不论做任何事，科学与非科学的方法之间存在着本质区别。语言学家认为，语言学是经验性实证性的，而不是思辨性和直觉的东西：能通过观察和实验来证实所研究的材料，这是科学的最基本特征。由于语言是我们从小就开始学而且很少对它进行过思考的东西，用经验性实证性的方法，客观、系统地对它进行研究，就能使语言学成为"科学"。

像早期物理学和化学一样，语言学里目前有很多相互抵触的假设，也有很多描写体系之间的分歧。与传统语法研究相比，现代语言学有很大的经验性实证性和客观性，但是这种特征到底有多大，仍然不能有定论。"条条道路通罗马"，科学家和哲学家都认为，不可能有一个所有学科都通用的研究方法。尽管不少人说，科学的研究必须通过客观的观察进行归纳的方法进行，但是甚至自然科学家也并没有这么做。不论科学的客观性指什么，肯定不是说科学家应该墨守成规并在没有得到大量数据之前不敢做出一般性的假设（general hypothesis）。科学数据不是经验，而是来自经验。观察，意味着有选择。离开理论的、没有丝毫偏见的、没有假设和采集数据的观察,是不可能的。语言学同其他学科一样,在应用方面所作的尝试和规划以及要达到的实际目标,常常会在它们所依赖的理论被阐述出来之前就出现了。英国哲学家玻坡尔(Karl Popper,1902—1994)曾指出,观察本身就有理论内涵(Observation is essentially theory-laden)。

每一门学科都有自己的专业术语(terminology),语言学也不例外。因为语言学已经不仅仅谈论声音、字词和词类等概念,因此语言学家为了避免传统语法中不够准确的名词,发明了"音素"、"语素"等专业术语。这些专业词汇并不是为了神话语言学,而是为了更准确地解释语言学。

1.3 语言学理论:过去与现在

英国语言学史专家罗宾斯(R. H. Robins)在《语言学简史》(*A Short History of Linguistics*)的前言中写道:"今天的语言科学,像人类其他各门知识一样,也像人类文化的各个方面一样,既是它过去历史的产物,又是其未来发展的源泉。每一个人都在由过去所决定的物质和文化环境中出生、成长和生活。他们置身于这一环境中,有些人在改造环境中发挥了作用。这就是人类历史的基础。一门(从最广泛的意义来说的)科学,就像一个民族,或者一个理性或道德的概念一样,也有它自己的历史。每一代科学家都不是从头做起的,而是在他们的学科以及整个科学在他们的时代和他们的文化中所继承的成果的基础上和范围内进行工作的。对于科学或人类任何活动的历史性思索,就是对人物和事件的时间顺序的研究,以及对存在于人物、事件之间并可能说明这些人物、事件的因果联系、影响和倾向的研究。"

一门科学的变化和发展由苦干因素所决定。每一门科学都在自己过去的基础上成长,前一代人的成就成为后一代人的起点。但任何科学都不存在于真空之中,它必定会涉及或接触其他科学以及特定社会中鼓励和宽容各种学术研究的一般环境。科学家和学者们本身是他们所处时代和所在国家的一部分,是他们生活和工作所在的文化社会的参与者。一门科学的发展,除了受到自身历史的影响以外,也受到其他各种社会因素和占主导地位的学术观念的影响。科学的应用、它的实际用途以及别人对它的期望，都可能成为决定它成长和变化方向的重要因素。

莱昂斯在他的《语言与语言学》一书中写道，如果一个人了解语言研究的历史渊源，就会发现，语言学家所要质疑（如果不完全抛弃）的很多有关语言的观点并非不言自喻。这个过程并非仅仅质疑或反驳传统的看法，而是发展和提出新看法。在学习语言学理论的过程中，我们不但看到过去几十年里对语言的科学考察中取得的重大进展，而且看到了从远古到现在语言学历史的延续。

语言学是在世界上不同的地方发展起来的。由于不同的语言学家处在不同的知识环境中，所以他们有不同的理论和研究语言的方法。每一种理论和方法都有其哲学、历史和社会文化传统。由于不同的研究方法之间发生碰撞和接触的机会相对较少，因此在很多情况下，一种语言学流派所关注的问题往往是别的语言学流派没有充分注意到的。英国语言学家赛福生（Geoffrey Sampson）在他的《语言学流派》(*Schools of Linguistics*)中写道："……学术上（也许尤其是在语言学里）最大的危险，不是一个人不能掌握某一学派的理论，而是一个学派的理论成功地掌握了一个人的思想。"（Sampson, 1980:10）

语言学史和理论流派的绝大多数著作，都以西方（尤其是欧洲）理论的发展脉络为框架。这并不意味着西方语言学理论是十全十美的。罗宾斯指出，在语音学和音韵学理论的很多方面，在语法分析的某些方面，欧洲的学术成就明显地不如古印度人。但是在论述欧洲传统的过程中，我们可以从本学科的发祥地古希腊开始，沿着连续发展的路线追踪下去；而我们对印度人高度发达的梵语研究的起源及其早期历史却不甚了解。古罗马人继承了古希腊语言学的实践和理论成果（以及希腊学术的许多其他东西），后来这些成果又通过拉丁语语法学家之手传到中世纪，在文艺复兴时期和文艺复兴之后，连同欧洲以外的许多重要成果一起传到现代。欧洲语言学在其发展的任何时期，即便有过停顿，也从未有过中断。在理论、目标、方法和概念等方面曾经出现多次变化，而这些变化都是语言学史的资料。欧洲的历代语言学家都对他们以前的语言学家及其研究工作有所认识，并且能够利用这种认识。因此,他认为把欧洲语言学史作为整个语言学史的基础是合情合理的。这一安排,并不是根据对欧洲与欧洲以外地区的研究工作所作的孰优孰劣的评价。

虽然西方语言学的历史可以追溯到两千多年前,但东方语言学的历史更为悠久。虽然主要语言学理论出自西方,但东方及世界其他地区的语言学理论也有很重要的价值。因此,在了解西方语言学理论的过程中,不应该忽视东方国家的理论成果。

语言学的发展经历了三个阶段:规定、描述、解释。19世纪以前两千年的传统语法是规定性的;19世纪的历史比较语言学和20世纪上半叶的结构主义语言学是描述性的;始于20世纪后半叶转换生成语法理论的很多分支学派都是解释性的。实际上,过去两个世纪里的不同语言学流派都在描述和解释之间迂回。历史比较语言学家相信,仅仅把梵文、希腊文和拉丁文当做来自于一个源语,就可以解释它们之间的对应关系。这些语言学家构建了印欧源语言(Proto-Indo-European language)的形式并解释了不同语言间的对应关系,但却无法解释为什么语言会朝着一个方向发展而不是朝着另一个方向发展。始于索绪尔(Ferdinand de Saussure)至20世纪中叶的新阶段,语言学研究的主流把描述语言系统作为重点。当语言学家发现仅仅解释语言并不能有效地揭示人类语言能力时,旨在解释的新语言学理论就诞生了。始于50年代的乔姆斯基(Noam Chomsky)的形式主义语言学理论和70年代的韩礼德(M. A. K. Halliday)的功能主义语言学理论,都是解释性的,他们的唯一分歧是,前者有心理学性质,后者有社会学性质。

实际上语言学的三个发展阶段与人类了解自然世界的三个阶段基本吻合。从一个阶段转入另一个阶段,这不是偶然的。每一个主流语言学派的理论到达顶峰时,人们常常会把注意力转向别处。一方面,挑战性的题目越来越少,而同一学派内的问题和分歧会越来越多。这时候,必然有新的思路出现。比如,虽然瑞士语言学家索绪尔把一生大部分时间用来研究历史比较语言学,但他本人对这种研究方法并不十分感兴趣(参见许国璋,1991:106)。尽管乔姆斯基受严格的结构主义传统影响,但他自己却发动了一场语言学革命。每一个时期的成就都为其以后的发展铺平了道路。例如,20世纪的美国结构主义极力研究语法系统中的元素,他们在形式、线性次序、结构、等级结构等上的研究被当成大学教科书的基本原理。如果没有包括传统语法学家、历史比较语言学家和结构主义语言学家在内的不同学派来详细地考察和解释语言系统的成果,就无法想象会有今天的形式主义和功能主义语言学成果。

在形式和意义的研究发展历程中,也有三个阶段。传统语法学研究意义,结构语法研究形式,韩礼德的系统功能语言学理论把形式和意义结合起来。①这三种方法都有自己的理由,但同时每个时期和每个方法都有明显的缺陷。首先,过分强调意义,会把语言与逻辑相混淆,使语言学研究缺少客观性和科学性。其次,不注意意义而过分强调客观性、实证性和语言形式的可证性,得出的理论会有很大局限性。再次,尽管把形式和意义结合起来看似一种理想的途径,但是这种考察研究方法面临的问题是,缺乏人对语用规则(pragmatic rules)与典型语境(typical context of situation)之间关系的了解。尽管语言的使用与其社会环境有紧密的关系,但是需要考虑的变量太多。

随着现代科学的发展,人类对探索自身和人类思维方面,会有更多科学的方法和手段。随着新的理论层出不穷日新月异,我们在对待新理论时应该不偏不倚,既不盲目追随也不随便反对。理论的流行,只是暂时的;是否流行、是否广为人们接受,也是相对的。任何理论都要接受实践检验和证实。抽象的理论并不见得毫无实用价值,实践性很强的理论也并非学术价值不高。甚至某些经典理论从现在的角度看也仍是很超前的,也许目前我们的现有知识无法完全把握它。一方面,每一种"新"的理论都在历史上有其理论渊源。另一方面,没有哪一种"旧"的理论不再有学术价值。

---

① 韩礼德的语言研究方法可称作功能主义,乔姆斯基的研究方法可称作形式主义。但是,形式主义并不意味着是仅仅研究语言形式的、与研究语言功能相对的研究方法。

第二章

现代语言学的开端

2.0 引 言

现代语言学始于瑞士语言学家费尔迪南·德·索绪尔(Ferdinand de Saussure, 1857—1913)。他通常被描述为"现代语言学之父"和一位"使语言学科走向现代的大师"(Culler, 1976:7)。索绪尔作为20世纪的一个重要思想家,不但是现代语言学的大师,而且在符号学、文学理论等很多领域有很重要的影响。

尽管人们是通过《普通语言学教程》一书才知道索绪尔的,但这本书不是索绪尔亲自写的,而是其同事和学生整理并扩充听课笔记后完成的。1907至1911年间,索绪尔在日内瓦大学讲授普通语言学。1913年索绪尔病逝后,其同事和学生认为,他在语言学问题方面的理论极具独创性并且颇有深刻见解,应该保存下来。他的学生巴利(Charles Bally)和薛施蔼(Albert Sechehaye)从同学们那里搜集到听索绪尔讲课的笔记,将之整理成册,这就是1916年出版的《普通语言学教程》(*Cours de linguistique generale*)①。这本书成为研究索绪尔思想及其对后来语言学家影响最为重要的著作。人们普遍认为,这本书是索绪尔

---

① 后来被译成英文 *Course in General Linguistics*。

思想的最重要来源,也标志着现代语言学的开端,影响了一代又一代的语言学家。

巴利和薛施蔼在他们编辑的《普通语言学教程》前言中写道,索绪尔留下的讲义很少,因此他们只得搜集听过课的各届学生笔记。每一届学生的笔记都能基本全面地反映索绪尔讲课的内容,但问题是:把三届学生听课的任何一份原始笔记出版了吧,不完整。因此,巴利和薛施蔼与听过索绪尔课的同事们一起做了个大胆的决定——整理出一本比较全面的书稿。虽然他们把重点放在索绪尔的第三次课上,但他们也照搬了索绪尔第一、二次课中的很多材料。

这本《普通语言学教程》有零散之嫌,而且很少对索绪尔自己的思想给出详细的解释。直到恩格勒(Rudolf Engler)1967年出版了《普通语言学教程》所依据的学生笔记,研究索绪尔思想的工作才有可能走出这本书。尽管索绪尔的思想流传下来的方式很特别,但该《普通语言学教程》功不可没。

文学理论家卡勒在他的专著《索绪尔》(Culler,1976:17)一书中指出,《普通语言学教程》的编辑们在三个方面不尽如人意:(1)章节顺序并不一定是索绪尔本人的,因此并不能准确反映索绪尔思想的潜在逻辑;(2)与讲课笔记相比,书中对符号的任意性概念讨论得不够;(3)在讨论语言的声音平面时,编辑们并没有索绪尔本人那么仔细,也缺乏索绪尔表述的一致性。尽管如此,《普通语言学教程》在欧洲传播索绪尔的语言学思想过程中起到了巨大作用。毋庸置疑,《普通语言学教程》使语言学研究的对象彻底区别于19世纪所重视的语言研究对象。

2.1 索绪尔思想的来源

为什么19世纪末和20世纪初会出现索绪尔这样伟大的思想家?他的时代为他的卓越成就提供了哪些条件?当时各门科学中的主要思潮又是什么?

索绪尔的语言理论不是凭空出现的,而是与当时社会科学的思潮有密切的联系,尤其与社会学、心理学、语言学、哲学甚至经济学的发展是分不开的。

    1. 社会学　　索绪尔时代的社会科学处在一个十字路口。德国的唯心主义哲学和经验实证主义哲学都认为,社会是一个"结果",是一种次要的、派生的现象,不是实质的东西。实证主义者继承了英国哲学家休漠(David Hume, 1711—1776)的哲学思想,把世界分成客观的、物质的现象和主观意识,并认为社会属于后者,是个人感情和行为的结果。英国哲学家本瑟姆(Jeremy Bentham, 1748—1832)写道:"社会是个虚构的东西,是社会成员的总和。"这就是说,除了每个个人,社会并不存在;个人是分析者摸得到的唯一现实。另一方面,德国哲学家黑格尔(George Hegel, 1770—1831)派认为,法律、举止、习惯、国家等,都是心智的表达而已,所以只能作为结果来研究。这就等于说,对社会的研究不能成为一门科学。正在这时,出现了法国著名社会学家迪尔凯姆(Emile Durkheim, 1858—1917)。

    迪尔凯姆是现代社会学的创始人。他著有《社会学研究方法准则》(Rules of the Sociological Method)和《论自杀:社会学研究》(On Suicide: Sociological Studies)。迪尔凯姆创建了一套新的理论,使社会学从此成为一门科学。他首先给"社会事实"(social fact)下了定义,把它看做物质的东西,与自然科学所研究的物质性质相同。他说,社会事实"是一种行为,不论其是否有固定性质,它对每个人都有'外部制约'(external constraint)……其主要特征是,在特定社会中具有最普遍的意义。"什么是外部制约?比如说,我在街上遇到一个朋友,并没有人强迫我讲什么,但又不能不打招呼也不讲话。这种自觉或不自觉地要遵守的规范,使我们的行为成为社会事实,这种规范就是外部制约。我们吃饭、穿衣、走路、说话等,都要符合社会规范。

    迪尔凯姆说:"显然,一切教育都是为了强加给孩子们一种观察问题、感觉事物、采取行动的某些方式,这是孩子们不能自发得到的。……到了一定的时候,孩子们不再感到这种制约,因为这种制约逐渐使人自觉产生某些习惯和倾向,制约也就不必要了。"他认为,所谓社会事实就是"集体心智(collective mind)"中的思想。这种思想超越每个社会成员而存在,间接地、不完善地反映在个人的头脑之中。有些不善于思考的社会成员可能永远也不会认识到关于社会行为的规范,但他们的确是遵守这种规范的。所以,迪尔凯姆说,法律、衣着、性别、言语等都是有具体影响的,它们像石头和力(force)一样,应该被看做物质的东西。

迪尔凯姆反对用历史原因来解释当前的社会现实。他认为,社会事实不受历史发展阶段的约束和限制。他说,如果近期社会是早期社会的简单继续,那么每种社会只是前一种社会的复制品而已。实际上,一个社会接替前一个社会时总会失去一些特征,并获得一些新的特征,因此与前一个社会有本质的不同。

迪尔凯姆的思想可能影响到了索绪尔的语言观。既然语言与生物物种不同,那么语言学作为一门学科,应该是什么概念呢?如果语言不是物种,那么应该从什么角度去研究?索绪尔用当时新兴的社会学来回答了这些问题:语言也是一种"社会事实"。任何语言,不论是英语、法语、汉语,不像房子、桌子、椅子那样的物件。但任何物件都属于一定的类别和范畴,这个范畴包括法律制度和规范的结构。那么语言也属于这个范畴。能实际观察到的语言(嗓子发出的音、印刷文字等等)都是物理现象,但是在能观察到的物理现象与内在的规则系统之间是有区别的。

语言行为也有外部制约,那就是一种抽象的语言系统。这种系统同一切社会规约和惯例一样,是一切成员同意遵守的、约定俗成的社会制度。这种系统是通过教育强加给社会成员的,使每个成员没有其他选择。它存在于集体心智之中。虽然许多语言使用者可以纯熟地使用语言,但他们并不懂得这个抽象系统是什么。如同社会事实一样,语言也不受历史发展的限制。任何时期的语言,我们都可以不问其历史状况而独立地进行描写和分析。《普通语言学教程》自始至终体现了这些基本原则。这并不是说索绪尔仅仅借用了迪尔凯姆的思想去分析语言事实。索绪尔在《普通语言学教程》中从未提到过迪尔凯姆,但是迪尔凯姆的理论是当时哲学界的主要思潮之一,索绪尔不可能对此漠不关心,或一无所知。

2. *心理学*　索绪尔还受到奥地利心理学家弗洛伊德(Sigmund Freud, 1856—1939)的影响。弗洛伊德提出了精神分析治疗法,其理论的科学价值在此不加评论,但他提出了一个重要概念,即"下意识"

(the unconscious)。他设想,在原始社会里,有一个妒忌心很强、蛮横无理的父亲,妄图霸占所有女人,把长大成人的儿子们统统赶走。几个儿子合伙将父亲杀死并吃掉。儿子吃掉父亲是为了能够获得父亲的权力和地位。弗洛伊德假借历史原因来解释社会中的规范和心理情结,目的是说明如今继续存在着一个"集体心理"(collective psyche),这叫"下意识"心理。他认为,正因为有这种"下意识"心理,一件事情过去之后,继续深深地影响着人类。在人类心理组织中,内疚之情不仅可以产生行为,而且可以产生欲望。这种"创造性的内疚感"使一种行为的影响永远在人的心中记忆犹新。就是说,人的内疚感不一定直接产生于具体事件。弗洛伊德说,前面假设的杀父之罪也许从未发生,几个儿子可能只有杀父的"念头"。但念头本身也足以警告后人避免诸如此类的行为。正是这样,人类逐渐形成一个底层心理系统。人们对这种心理系统并没有意识,但时时受它支配和控制。弗洛伊德用这种方法说明,无需再到历史中去寻找最初的原因,这种原因已在人类心理中内化了。

弗洛伊德的观点符合当时的结构主义思潮,即把任何行为都看成是受一个规范系统所制约。社会的规范在于"集体心智",语言行为的规范在于语言规则,心理上的规范在于心理组织的机能。这些规范系统独立于人的意识而存在,却无时不起着积极的作用。语言也应该是这样的。人无法说明他自己的语言知识,但他说话、听懂别人讲话、识别语言错误时,无不受到语言规则的限制。

3. **语言学** 在语言学方面,索绪尔受到美国语言学家惠特尼(William Dwight Whitney,1827—1894)的巨大影响。惠特尼是耶鲁大学的梵语教授和比较语言学教授,他基本上是以新语法学家(Neogrammarian)的传统研究语言的,但不同之处是他提出了符号(sign)的问题。惠特尼认为,语言是建立在社会规约上的一种制度(institution)。他通过坚持符号的任意性这一概念,区分了人类交流与动物的本能交流。索绪尔说,惠特尼通过强调语言的任意性并认为语言是建立在社会规约上的一种制度,把语言学引上了正确的轨道。对索绪尔来说,意义之所以存在,就是因为意义之间有差异,正是这些意义上的差异才能让人使用语言形式。语言形式并不是历史的延续遗留下来的,而是它们具有不同的功能,能区分和产生不同的意义。

4. **经济学**　不少人认为,索绪尔还受到当时西方经济学思潮的影响。他的语言学理论,如语言系统与语言现象(*langue vs. parole*)①,组合与聚合(syntagmatic vs. paradigmatic)关系以及共时与历时(synchrony vs. diachrony)等概念,都可以在经济学中找到。由于价值(value)与价值理论一直是西方经济学研究中的核心概念,索绪尔把经济学称作研究价值的科学,所以认为语言学和经济学都是研究价值的科学,虽然历史主义(historicism)旨在研究价值的根源,共时论(synchronicity)旨在研究价值的效应而不考虑其根源。索绪尔的系列二分法以及自己所偏向的研究重点,把语言学真正带上了一条科学之路。

5. **哲学**　为了明确解释意义(signification)的本质并开创一门研究符号的科学,索绪尔把自己的理论建立在西方哲学中"在场"(presence)和"不在场"(absence)的经典关系上,即现实世界与虚拟世界之间的对立。对索绪尔来说,语言现象(*parole*)属于现实世界中的"在场",语言系统(*langue*)属于虚拟世界中的"不在场"。现实系统被认为是复杂的、多变的,而虚拟系统是稳定的、不变的。建立这个框架的好处在于,探讨语言的虚拟系统,人就可以得出一套稳定不变的系统,不用在语言现象的真实系统中摸索千变万化的不可预测的活动和行为。通过提出"语言系统"这一虚拟的模式,人就不需要把主要注意力放在"语言现象"这一系统中,也就是说,通过人们所说所写去研究构成所说所写现象后面的潜在规律这一系统的结构。这个原则实际上是理解结构主义的基础哲学及其对20世纪科学研究产生影响的关键。

以上这些思想来源,能给我们一种理解问题的方法,可让我们更清楚地了解为什么有些系统是存在的,但我们并不了解。描述一个系统,意味着分析能看得见的东西,那是因为这个系统并不是明显的"存在"但却一直影响着所有的人类行为。

---

①　一般译为"语言"与"言语"。

2.2 索绪尔的理论

可以说,索绪尔与迪尔凯姆、弗洛伊德等有影响的社会科学家一道为研究人类行为开辟了一条新的途径。他们发现,人类行为是客观存在的东西,但又不同于自然科学家所研究的物质。在自然科学中,人们可以不顾别人的印象或感觉,对物质进行独立的分析。在社会科学中,不能忽视人们对行为的主观印象。主观印象正是行为具有的社会意义的一部分。例如,一个动作被视为表示尊敬,另一个动作被认为表示蔑视,是因为社会本身赋予不同行为以不同的意义,这正是由规范组成的系统所决定的。因此,社会科学研究的不是社会事实本身,而是社会事实与其社会意义的结合。这就要求人们把社会事实放在整个社会框架中,去探求它们的社会功能。换句话说,一个行为本身没有内在的、必然的价值。鞠躬表示敬意、男人不穿旗袍,这些现象里并没有内在的生理原因,而是由社会规约和惯例规定的。

但索绪尔是最先注意到语言的复杂性的。他把人类语言看做一种非常复杂而且异质的现象。即使是一个简单的言语活动,也包含着要素独特的分布,并且可以从许多不同的甚至互相冲突的角度去考虑;声音、声波、听觉装置、说话者所要表达的意图、指称、交流语境、说话者和听话者之间的规约、语法和语义规则、语言史等等。索绪尔认为,语言是一个符号系统(a system of signs)。声音可以当做语言,是因为它们表达了思想;否则,就只是噪音。要表达思想,声音就必须成为规约系统的一部分,也就是符号系统的一部分。

索绪尔的理论直接把我们的注意力导向语言的本质,也明确了作为科学的语言学所研究的对象。他写道:"语言学家从来没有想过确定它们所研究的对象的本质,如果没有这个环节,科学就不可能有正确的方法。"他的理论可归纳如下:

1. **语言符号的本质**　索绪尔认为,语言符号结合在一起的,不是一个物体和一个名字,而是概念和声音形象(sound-image)。这两者结合在一起,才构成了语言符号的全部。他把概念叫做"所指"(signified)把声音形象叫做"能指"(signifier),这样就把它们区分开来,同时也把它们与其共同组成的整体区分开来。例如,"树"是一个语言符号;它的声音形象 shù 是能指,它所指的那种植物就是所指。这两者的特定关系是一个任意的实体。

与语言符号的任意性相关联的是能指的线性特性(linear nature)。能指,是能听得到的,所以是在时间这个维面上展开的。因此,能指代表了一段时间,而这个时间段可以得到测量。这一发现与符号的任意性理论同样重要。

2. 语言单位的关系性质　由于能指与所指的关系是任意的,那么就没有理由把某一个能指给予某一个概念。因此,在一个能指与所指之间没有必然的属性。能指只不过是一个系统里的成员,通过同一系统内其他成员之间的关系得到界定。索绪尔写道,在所有情况下,我们发现的并不是"早已存在的思想",而是"源于这个系统的价值"(Saussure, 1960: 117)。当我们说,这些价值与概念相应,就应该这样理解,这些概念是纯粹的区别性造成的,并非由于其内容决定,而是由于其系统中与其他词语之间的关系决定的。最主要的特征是,它们的属性不由自己的"是"来决定,而由别的词语的"非"来决定。

3. 语言系统与语言现象的区分　这是语言系统与语言的实际现象之间的区别。索绪尔写道,把 *langue* 与 *parole* 相区别,我们同时也区别了社会性的和个人性的东西,也区别了主从两个类别(Saussure, 1960: 14)。他认为,语言学家的任务就是研究 *langue*,即语言系统。研究语言系统的语言学家,不是描述言语行为,而是确定组成语言系统的单位和组合规则。

把特定的语言事实与属于语言系统本身的东西相区分,具有重大意义。它导致了语音学(phonetics)与音系学(phonology)的分野,也导致了研究话语(utterance)与研究句子的分野。实际上,这从根本上区分了制度(institution)和事件(event),也区分了人类行为的内在规律与一个个具体的行为的不同。通过这个区分,索绪尔为语言学找到了一个正确的研究对象,也让语言学家更清楚自己在干什么。

4. 共时与历时的区分　语言学上的共时与历时之区分,就是静态语言学(static linguistics)与进化语言学(evolutionary linguistics)之分。索绪尔把语言的功能与下棋相对比来做解释。首先,语言的状态很像一盘棋。就像棋子的价值取决于它在棋盘上的位置一样,每一个词语的价值来自于与其他词语的对立。其次,系统总是瞬间的,不断在变化,由一个状态进入另一个状态。尽管价值取决于不变的规约,但在一盘棋开始前就存在的一套规则在每走一步后都起着作用。语言规则一旦被认可,也会一直延续下去。第三,从一个静止状态进入另一个静止状态,只需要挪动棋子。有些棋子的挪动,对全局影响很大,而有些棋子的挪动,对全局影响不大。无论如何,每挪动一步,都会对整个系统产生影响。

但这个区分也面临一些质疑和挑战,因为语言学研究的共时与历时之间不可能非常清楚地进行区分。首先,语言是一直在变化着的。语言不可能静止下来让我们描述,我们也不知道某一个新的词或短语到底是否被人们接受,是今天还是昨天接受的,是今年、去年还是前年。语言变化的过程漫长而且缓慢。其次,任何言语社团里的语言都不统一。不同社团的人讲的语言总有不同的变体,到底描述哪个变体,是很难确定的。不论你如何描述,总会有人对你的描述提出挑战,他会说"我从来不那样讲"。再次,语言变化时,并不是一系列特征突然间被另一系列特征所取代。

在历时研究中,对比语言的不同形态时不考虑其各自的时间阶段。否则,语言的变化就不明显或者缺乏代表性。共时描述优先于历时描述之说,就是先要描述语言的状态然后才能对比。并不是说,描述语言的当前状态时,不用了解其先前的状态。实际上我们常常需要了解语言的先前状态才能准确地描述其当前状态。简言之,对语言历时变化的研究与其共时的变体研究之间有非常紧密的关系。

面对所有这些语言的外观以及人们可能达到的不同看法,语言学家就必须询问自己,他试图描述的到底是什么东西。索绪尔认为,语言是一个符号系统,声音只有当其用来表达或交流思想时才被以为是语言。否则,它们只是噪音而已。为了交流思想,它们必须是规约和惯例系统的一部分,也必须是符号系统的一部分。这里所谓的符号,就是形式和意义的联合,索绪尔称之为能指和所指。尽管我们称其为能指和所指,似乎把它们看做彼此分离的独立体,而实际上它们只有相互结合作为符号的组成成分才能够得以存在。符号是语言事实的核心,因此我们想要区分什么是根本的、必然的,什么是次要的、偶然的,就必须从符号自身的特性入手。

2.3 索绪尔的遗产

索绪尔也最先指出符号学方法事关语言研究。他认为,只要有符号,就有系统。表示意义的行为都有共性,如果要研究它们的本质,就不能孤立地看待,而必须把它们放在一个系统中考虑。这样的话,看不见的或潜在的东西就变得可观和明显。尤其是非语言活动被看作"语言"的时候,这种方法有很重要的意义。

语言学可以作为符号学(semiology)的研究模式,因为语言中的符号任意性和规约性非常清楚。非语言符号对于使用它们的人来说,没有什么特别需要注意的。但要研究其意义,就需要费很大力气,因为一个动作和行为表示什么意义并不因为其必然的和内在的特质,而是规约和惯例所表达的意义。索绪尔(Saussure, 1960:68)写道:

> 符号的任意性原则没有人反对。但是发现真理往往比为真理定位来得容易。上面所说的这个原则支配着整个语言的语言学,它的影响是多方面的。事实上,这些影响不是马上能看得很清楚的;人们经过许多周折才发现它们,同时也发现了这个原则是最重要的。
>
> 顺便指出,等到将来符号学建立起来的时候,它会提出这样一个问题:那些以完全自然的符号为基础的表达方式如哑剧——是否属于它的管辖范围。假定它接纳这些自然的符号,它的主要对象仍然是以符号任意性为基础的整个系统。事实上,一个社会所接受的任何表达手段原则上都是以集体习惯,或约定俗成,为基础的。例如那些往往带有某种自然表情的礼节符号(试想一想汉人从前用三跪九叩拜见皇上)也仍是依照一种规矩确定下来的。强制使用礼节符号的正是这种规矩,而不是符号的内在价值。所以我们可以说,完全任意的符号比其他符号更能实现符号方式的理想;这就是为什么语言这种最复杂、最广泛的表达系统,也是最

富有特点的表达系统。正是在这个意义上,语言学可以成为整个符号学中的典范,尽管语言也不过是一个特殊的系统。

　　索绪尔的符号学理论不仅开辟了一个新学科,而且为许多社会科学奠定了方法论基础。尽管符号学是一门年轻的学科,但事实证明能指与所指之间的关系无处不在,赋予社会符号特殊意义的潜在系统,是值得研究的。现在人们认识到,很多被认为是习以为常的事件,其实后面都有一定的习俗、制度和社会价值的制约。符号学的发展,当归功于索绪尔这位伟大的思想家和语言学家。

2.4　小　结

　　索绪尔实际上对现代语言学产生了两个重大影响。首先,他提出了一个总方向,让语言学家明确了以前从未质疑过的研究对象。在这个意义上讲,索绪尔是现代语言学之父。其次,他影响了现代语言学研究的一些具体概念,如符号任意性、语言单位之间的差异关系、语言系统与语言现象的区分、共时和历时的区分等等。尽管这些概念都不是索绪尔首次提出的,但他的重大贡献在于开创性地推动和发展了这些概念,现代语言学的发展可以说是对这些准确概念及其意义的研究。因此可以说,索绪尔推动语言学进入了一个标志性的新时期,20世纪的所有语言学都是索绪尔语言学(Saussurean linguistics)。

第三章

早期功能主义语言学理论

3.0 引 言

20世纪影响较大的功能语言学理论流派包括布拉格学派(the Prague School 或 the Prague Circle)、哥本哈根学派(the Copenhagen School)、伦敦学派(the London School)。这些学派继承了索绪尔的传统,把语言看作一整套结构体系,认为每一种语言都有自己的内在结构,在这个结构里所有东西都是互相依存的。在这个系统里,语言成分的意义由其与其他语言成分的关系来决定。虽然美国描写语言学家注重语言成分中的组合关系(syntagmatic relations),但欧洲结构主义语言学家更注重语言成分中的聚合关系(paradigmatic relations)。功能主义语言学家发现,仅仅对语言进行形式上的描写是不够的,因此他们试图从功能角度解释语言现象。他们的目的不仅仅是描述语言,而是解释语言,不仅要展现什么是语言,而且要说明为什么语言是语言。

索绪尔以后的欧洲语言学大多都可以称作功能语言学,但是"功能主义"(functionalism)来源于布拉格卡洛琳大学教授马泰休斯(Vilem Mathesius, 1882—1945)。马泰休斯曾呼吁,应该用非历史的方法研究语言。同意他这一看法的语言学家还包括雅各布森(Roman Jakobson,1896—1982)。不过,在"布拉格学派"圈子里活动的语言学家并不限于捷克斯洛伐克,还包括俄国语言学家特鲁别茨科伊(N. S. Trubetzkoy,1890—1938)等人。本章主要介绍布拉格学派、哥本哈根学派的理论和伦敦学派的早期理论。伦敦学派的后期理论主要是英国语言学家韩礼德(M. A. K. Halliday)及其追随者的系统功能语法。

3.1 布拉格学派

3.1.1 绪论

布拉格学派(布拉格语言学会)的形成可以追溯到1926年,马泰休斯领导召开了该学会的第一次会议。布拉格学派实践了一种独特的研究风格,即共时语言学研究。它对语言学最重要的贡献就是从"功能"的角度来看待语言。布拉格学派一度成为影响语言学发展的最为重要的源头,甚至可以毫不夸张地说,"欧洲任何其他语言学团体都没有像布拉格语言学会那样产生了如此巨大的影响","布拉格学派曾影响到美国语言学的每一项重要发展"(Bolinger,1968)。

尽管第二次世界大战爆发后布拉格学派的活动突然中断,但捷克斯洛伐克国内的语言学活动一直没有停止。其间发表了很多有价值的论文,但都是用捷克语或斯洛伐克语。

3.1.2 语言理论

在布拉格学派形成的诸多观点中,有三点至关重要。第一,对语言的共时研究由于可以得到全面的、可控制的语言材料以供参考而被充分强调。同时,也没有严格的理论藩篱将之与历时语言研究相分离。第二,布拉格学派强调语言的系统性(systemic)这一本质属性。指出语言系统中的任何成分,如果从孤立的观点去研究,都不会得到正确的分析和评价。要做出正确的评价,就必须明确该成分与同一语言中相共存的其他成分之间的关系。换句话说,语言成分之所以存在,就在于它们彼此在功能上的对比或对立。第三,布拉格学派在某种意义上把语言看做一种"功能",是一种由某一语言社团使用的、用来完成一系列任务的工具。

布拉格学派最杰出的贡献是区分了语音学(phonetics)和音系学(phonology)。根据索绪尔对语言(*langue*)和言语(*parole*)的区分,他们认为语音学属于言语,音系学属于语言。在此基础上,他们提出把"音位"(phoneme)概念当做语音系统中的一个抽象单位,区别于实际发出的音。为了确定音位,他们使用"互换测试"(commutation tests),就可以确定出改变意义的语音(如 bat / bet / bit)所具有的区别性特征。

这一基本概念被用在句法分析上。马泰休斯从句子所传达的信息角度来看待句子,认为句子有两个部分。第一部分是主位(*Theme*),即从上文能得到的已知信息,对要传达的新信息没有很大作用。第二部分是"述位"(*Rheme*),是要传达的新信息。例如 He loves linguistics 中的 He 是主位,loves linguistics 是述位。主位和述位的区分,对各种语言变体和不同语言的结构分析都有用处。后来发现,这与决定信息分布的潜在规则有关,于是出现了"交际动力"(communicative dynamism)概念。一个语言成分具有的交际动力强度,就是这个成分帮助把交际推向前的程度。

从音位、词、短语和句子的功能出发,有些学者把语言的功能当做一个整体来研究。布勒(Karl Bühler)在 1934 年提出,语言有三种功能:表达(expressive)功能、意动(conative)功能、指称(referential)功能。就是说,语言可以(1)表达说话者的感情;(2)影响听话者;(3)表现真实的世界。由于一句话语同时表达的功能不止一个,所以布拉格学派语言学家提出了第四种功能——美学(aesthetic)功能,即语言可以为艺术服务。在布勒的三分法基础上,雅各布森 1960 年又提出了三个功能:寒暄(phatic)功能、元语言(metalingual)功能、诗学(poetic)功能。寒暄功能建立和维持人际交往的关系,元语言功能描述语言本身,诗学功能与布拉格学派的美学功能一致。

布拉格学派早期研究主要有三个方面:(1)为语言事实的共时研究方法做了理论上的开拓;(2)强调语言的系统性特征;(3)强调语言在已知语言社团中所发挥的功能。

给布拉格学派语言学思想带来系统和结构概念的是俄国学者雅各布森和特鲁别茨科伊。在20世纪20年代末,雅各布森指出,如果孤立地看语言,不可能做出正确的分析和评价。要对一个语言里出现的成分进行正确的评价,必须考虑同一语言系统中的其他成分。他相信,在一个系统里,成分之间的关系经常受到影响并被其他的关系取代,这些变化的主要目的就是保持这一语言系统的平衡。

20世纪50年代以后,新一代的布拉格学派语言学家继续老一辈人的传统,继续钻研。他们的理论可以归纳如下:

1. **语言的演变** 语言不是一个绝对统一、封闭的系统,而是一个开放的、包含着相互依存的子系统的系统。子系统就是通常说的语言的各个层面——语音、形态、词汇、句法。这种子系统相互依赖的重要性在于,其中一个子系统发生变化就会导致同一语言中另一个或多个其他子系统发生变化。

2. **语言系统** 雅各布森指出,没有一种语言具有完全平衡的系统。任何语言系统都有结构上的缺陷。虽然美国语言学家霍凯特和派克用"模糊点"(fuzzy points)来形容,但布拉格学派语言学家把这些结构缺陷称作语言系统中的"外围成分"(peripheral elements),与"中心成分"(central elements)相对立。即使语言结构有缺陷,也并不影响用结构方法研究语言。相反,这正好符合语言系统作为一个动态结构的看法。如果语言系统不是动态的,如果语言结构没有缺陷,语言也不可能发展。

语言系统不平衡的动态性是语言交际功能的必然结果。使用语言谈论的这个客观世界是不断变化的,而且越来越复杂。因此,语言就要不断打破自己的平衡以适应这种复杂性和交际功能的需要。这在词汇层面上尤为明显。为了描述日新月异的科学技术事实和社会现实,使用语言的人必须有新的词汇手段或给已有的词汇添加新的意义。在这种意义上讲,没有任何一种语言可以完美地执行所有交际任务,任何一种语言也不可能达到绝对平衡的状态。

3. **标准语言**(standard language) 语言作为一个开放、动态的系统,这一概念可以用来分析标准语言。布拉格学派最先提出了完善的有关标准语言的功能理论。这个理论以"灵活稳定性"(elastic

stability)的假设为依据。其灵活性特征是充分尊重语言系统的动态本质,其稳定性特征是强调语言的系统性(systemic)本质。对语言社团的成员来说,书面语言标准是某种稳定的规范,不仅保证人能相互理解,而且还能保证整个语言社团里有统一的美学价值。

"功能文体"(functional style)这一概念来自布拉格学派的一个认识:语言与言语行为之间有某种关系,因此,分析文体就是分析语言的不同功能。这种功能的基础就是语言的结构特征。但是,研究文体不仅仅意味着研究语言的词汇和语法特点,而且要研究语言的组织原则,或者说是功能性结构。词汇语法特征与组织原则之间存在着根本的不同,因为组织原则是独立于语言的成分。

4. 主位与述位 功能和结构方法使布拉格学派语言学家更深刻地看到了日常生活中话语的组成方式。在20世纪30年代,马泰休斯修正了传统语法中主语和谓语的概念,以"主位"和"述位"来代替。虽然英美语言学家在50年代提出了类似的"话题"(Topic)和"评述"(Comment)之区分,但马泰休斯的概念能够分析各种语言的结构并且分析出尚未知晓的句法学和文体学中的特色。

主位—述位的区别常常与主语—谓语之分相对应。我们说"张三打了李四"或 John killed Mary,因为我们已经在讨论着张三或 John,想说的是他做了什么,或者说,听话的人已经知道张三打人或 John killed someone 的事实,我们想告诉被打或被杀的人到底是谁。但是,如果听话的人知道李四被打或 Mary was killed,那么我们就要把"张三"和 John 放在述位,把"打了李四"和 killed Mary 放在主位,必须说"李四给张三打了"和 Mary was killed by John。

5. 语言功能 布拉格学派研究语言的方法对揭示语言的感情功能尤其重要。在布勒的三分法中,虽然第三个功能表达的是反映被表达的超语言现实(extralinguistic reality)的实际内容,但第一个和第二个功能都是为表达感情服务的。从这个角度研究实际话语的重要性在于,总能发现表达感情的语言完全是使用非感情交流目的的语言。例如,用表示女性的代词指称没有生命的物体,可以被看做感情色彩很强的一个信号:The poor little car, **she** had a breakdown.

这就使我们自然而然地总结出一个结论,语言使用的文体差异是使用语言的人在表达上的不同,实际上它们表达的是一样的超语言现实。使用语言的人在已有的语言资源和手段中做出了适当的选择,而且这一选择过程是为了不同的具体目的服务的。例如,一次旅行可以用不同的语言手段描述,取决于说话的人讲给亲密朋友、上司或写成游记在刊物上发表等等目的。选择过程中的这些差异实际上与语言的所有层面有关。

3.1.3 音位学和音位对立

布拉格学派最突出的贡献在于其音位学说以及对语音学和音位学的区分。波兰语言学家科迪尼(Baudouin de Courtenay,1849—1929)早在1870年就区分了索绪尔后来命名为 langue 和 parole 的概念,在1876年区分了语言的静态和动态特征,在1881年又提出音素和音位是两个不同的语言学单位。他对布拉格学派语言学家的影响非常大,其中最具影响力的学者是特鲁别茨科伊。

特鲁别茨科伊生于莫斯科,其父是莫斯科大学教授,给他提供了很多参与学术讨论的机会。15岁时他就开始发表民间故事方面的学术论文。1908年进入莫斯科大学后,学习哲学和心理学。从第三学期开始,转向语言学,修了印欧语言的历史比较语言学课程。从1913年到1914年,他到莱比锡听布鲁格曼(Brugmann)和拉斯金(Raskin)等人的课程。1915年回到莫斯科大学,任历史比较语言学副教授。1917年移居国外,1922年开始在维也纳大学任教。1929年后,研究兴趣转向音位学。

他最完整和权威的论述都集中表述于1939年出版的《音位学原理》一书中。这是他历时12年苦心钻研的成果,去世前在病床上口授的。遗憾的是,离全书完稿还差20多页的时候,他与世长辞,年仅48岁。后来,他的著作被译成德语、法语、俄语出版。

特鲁别茨科伊在讨论音位时,沿用了索绪尔的理论。他提出,语音学属于"言语",而音位学属于"语言",因此首创了研究语言的独特方法"音位学"。他对音位学的定义是:研究语音功能的学科。因而他和布拉格学派其他语言学家都被称作"功能主义者"。

日常生活中，我们可以发现语流中的音并不十分清楚。每一个音，只要与别的语音或别人发出的音有区别，都不是在一个准确的点上产生，而是在一个适当的范围内。比如，tea, two, tar 这三个词中的/t/就不相同。只要在这个范围内，这个语音有好几种体现的方法。一旦一个语音的体现超出了这个范围，就会被理解为另一个音或说话者在表达别的东西。如果不顾语音的意义，我们就能发现，每一个语音都有独有的特征。有些音没有意义，不会使词汇的意义发生变化。而有些音会使词汇的意义发生变化，因为它们有区别性功能。这可以从元音系统看出。菲律宾一种语言 Tagalog 中有三个元音：/i:/，/a/，/u:/。说话的人可以把 feet 发成 fit，而仍然被听成 feet，因为/i/比/a/或/u:/更接近/i:/。但是英语的/i/和/i:/是有区别的。这就是说，讲英语的人在这个区域范围内更有区别性。哪些音有明显的区别性特征？决定它们的是意义。不表示语义差别的语音差异不是区别性的，而是属于音位层面的。事实上，并不是语音本身来区别音位的，音位只是语音的对照性功能。因此，音位的定义就是这些区别性功能的总和。它不是个具体的东西，而是个抽象的概念，只有语音在区别意义的时候才是音位。

音位有三个特征：(1) 有区别性；(2) 是最小的语音单位；(3) 只能通过区别性特征来确定。不同的语言有不同的音位系统，一种语言中具有明显意义的语音在另一种语言里并不明显。即使说话的人有微小的语音差异，只要他的发音基本正确，我们都不会理睬这些小差异而能明白他的意思。同样，当我们确定意义差别的时候，我们看的是最基本的区别性特征。这是音位学的基础。

特鲁别茨科伊在给区别性的语音特征进行分类时，提出了三条标准：(1) 它们与整个具有对立性质的系统之间的关系；(2) 对立成分之间的关系；(3) 区别力的大小。这些所谓的对立可以被概括为：

① 双边对立(bilateral opposition)。如果两个音位所共有的语音特征只属于这两个音位，它们的对立就叫双边对立。换句话说，就是它们共有的特征不同时出现在其他音位中。例如/p/和/b/就共有一个"双边"的特征。

② 多边对立(multilateral opposition)。这是一种更为松散的关系。例如/a/和/i/仅仅因为都是元音这个特征而彼此相似,它们共有的"元音"这个特性也同时被其他的元音对共同拥有。

③ 均衡对立(proportional opposition)。如果同一项特征同时可以区分若干组音位,这种音位对立就叫做均衡对立。例如,英语里清与浊的关系(如/p/和/b/)就是均衡对立,因为它们之间的对立与/t/和/d/,/k/和/g/之间的对立特征相同。

④ 孤立对立(isolated opposition)。如果两个音位的对立关系是独特的,是其他音位对立中找不到的,这两个音位的关系就是孤立对立。这种对立特征不能被语言中其他音位分享。例如,英语中的/v/和/l/,前者是一个唇齿摩擦浊辅音,后者是一个双边辅音,这就是孤立对立。

⑤ 否定对立(privative opposition)。如果两个音位的对立是一个具有某种特征而另一个不具有这种特征,就叫否定对立。例如,送气的/p/和不送气的/b/的对立,鼻化音/m/和非鼻化音/b/的对立。

⑥ 分级对立(gradual opposition)。如果两个音位的对立是一个具有不同程度的同一特征,就叫分级对立。例如西部非洲有一种语言,其元音系统中有七个元音:

```
i           u
e           o
ε           ɔ
     a
```

/u/和/o/的对立是分级对立,因为具有同一特征(元音高度)的音位还有第三个——/ɔ/。

⑦ 等价对立(equipollent opposition)。如果两个音位可以在逻辑上看成是等价的,既不是分级对立,又不是否定对立,就叫等价对立。例如英语中的/t/和/p/,/t/和/k/。

⑧ 中和对立(neutralizable opposition)。如果两个音位在有些位

置上是对立的,而在其他位置上失去对立,这就叫中和对立。例如英语中的/p/和/b/现在/s/之后就失去对立。再如德语中的浊辅音,在词尾位置上就变为清辅音:*Rat*(劝告)和 *Rad*(轮子),书写形式不同,但发音却完全一样。

⑨ 永恒对立(constant opposition)。如果对立的音位可以出现在一切可能的位置上而不会取消对立,则称永恒对立。例如,在尼日利亚的努皮(Nupe)语中,一般音位结构是一个辅音跟着一个元音,只有少数例外。/t/与/d/的对立是在一切辅音位置上都不消失的对立,就是永恒对立。

特鲁别茨科伊对音位理论的贡献涉及四个方面。首先,他指出了语音的区别性功能并且给音位做出了准确的定义;其次,通过区分语音和音位以及文体音位学(stylistic phonology)和音位学,从而界定了音位学研究的范围;再次,通过研究音位的组合关系、聚合关系来解释音位间互相依赖的关系;最后,他提出一整套用于音位研究的方法论,如确立音位的方法和研究音位结合的方法。

3.1.4　区别性特征

特鲁别茨科伊发现了对立的特征,雅各布森进一步发展了音位学理论。

雅各布森曾就读于莫斯科大学东方语言专业。从 20 年代初开始在布拉格做研究和教学工作,直到 1933 年纳粹占领捷克时才离开,二战期间的大多数时间在美国纽约避难。1949 年,到哈佛大学。实际上,雅各布森是欧洲与美国语言学传统之间为数不多的纽带人物。

雅各布森 1955 年出版的《音系学与语音学》(*Phonology and Phonetics*)是区别性特征理论的杰出代表。他在声谱基础上分析了语音,为语音学和音系学都做出了重大贡献。比如,语音描述就是根据发音部位和发音方式对待和研究语音的。那么描述英语辅音时,就会写出课本上常用的那种复杂图表,这种方法不但繁琐而且不科学。科技的发展,可以使我们通过音响特征来区别声音。为了区别两个不同的音,如/t/和/d/,就可以描述其特征并描述其音响符号。以前只描述一个音是怎么发出的,现在可以描述这个音听起来是什么样子。

古典布拉格学派的理论把语音特征仅仅当做划分音位的依据,但雅各布森把特征本身(而非不可分割的音位)当做音位学的基本单位,并进一步拓展了有关理论。

语言学分析逐步把复杂的言语单位分解成语素,又把这些最小的意义单位分解成能相互区别的组成部分。这些组成部分叫做"区别性特征"。这样的话,语言和语言分析就有两层内容:一方面是语义,另一方面是特征。

这些特征,每一个都涉及在一组对立的情况下做出的选择。雅各布森区分了两大组固有的特征,有十二种对立,几乎概括了所有语言的音系特征。所有这些固有特征可以分为两大类,叫做音响特征(sonority features)和音调特征(tonality features)。前者很接近韵律力(prosodic force)和量的特征(quantity features),后者很接近音高特征(prosodic pitch features)。音响特征是利用声谱上的能量大小和强度及持续的时间,其特征如下:

(1) 元音性/非元音性:/a/ — /p/;
(2) 辅音性/非辅音性:/p/ — /a/;
(3) 鼻音性/口腔音性:/m/ — /f/,/n/ — /t/;
(4) 聚集性/分散性:/e/ — /i/;
(5) 中断性/连续性:/p/ — /f/,/b/ — /v/;
(6) 刺耳性/圆润性:/s/ — /θ/;
(7) 急煞性/非急煞性:/pʔ/ — /p/;
(8) 浊音性/清音性:/v/ — /f/,/b/ — /p/,/θ/ — /ð/;
(9) 紧张性/松弛性:/k/ — /g/;

声调特征涉及频率谱两端,其特征如下:

(10) 低沉性/尖锐性:/m/ — /n/;
(11) 抑扬性/非抑扬性:/u/ — /i/;
(12) 扬升性/非扬升性:/dj/ — /d/。

雅各布森最有代表性的论点是辅音与元音之间特征的区分。传统手法是把语音分类为辅音、元音、流音、半元音。但是雅各布森只用了辅音性(consonantality)和元音性(vocality)两个特征,来区分四大类语音:

	辅音	元音	流音	半元音
辅音性	＋	－	＋	－
元音性	－	＋	＋	－
	/p/	/a/	/l/	/y/

雅各布森认为,所有的元音都具有元音性,而不具有辅音性;所有的辅音都不具有元音性;流音既具有元音性又具有辅音性;半元音既不属于辅音也不属于元音。因此,真正的元音与辅音没有任何共同之处。元音与流音的唯一共同特征是元音性[＋ vocalic],元音与半元音的唯一共同特征是非辅音性[－ consonantal]。

第一组	辅音＋流音:	[＋ consonantal]
第二组	辅音＋半元音:	[－ vocalic]
第三组	元音＋流音:	[＋ vocalic]
第四组	辅音＋半元音:	[－ consonantal]

雅各布森把最小音位特征的概念看做与现代物理学中取得的成果相似,即物质是由基本微粒组成的。区别性特征理论揭示了构成语言音位的最基本特点。这一理论对音位学的重要性在于,建立在音响特征之上的区别性特征创造性地揭示了音位对立,而不是描述语音特征。

3.1.5 句子功能前景

句子功能前景(Functional Sentence Perspective)是一套语言学分析的理论,指用信息论的原理来分析话语或篇章。其基本原则就是评价话语中每一个部分对全句意义的贡献。

一些捷克斯洛伐克语言学家对以功能的视点分析句子的问题投入了相当大的注意力。他们认为一个句子总是包含有出发点和核心,所谓话语的出发点,是说话人和听话人都知道的东西——这是他们的共同点,叫做主位。而话语的目标,仅仅表现对听话人来说意义重大的信息,叫做述位。从概念出发点(主位)到话语目标(述位)的运动,揭示了大脑本身的运动。不同的语言使用不同的句法结构,但是表达思想的次序基本相同。基于上述论点,他们提出了"句子功能前景(FSP)"这一概念,用来描述信息是如何分布在句子当中的。句子功能前景主要涉及已知信息(被给信息)和新信息在话语中的分布形成的效果。所谓已知信息,是指那些对于读者或听者来说并非新信息;而所谓新信息,是指那些将要传递给读者或听者的信息。正像我们看到的那样,主语、谓语的区别并不总是对应于主位和述位。例如:

(a) Sally　stands on the table.　(b) On the table stands Sally.
　　主语　谓语　　　　　　　　　　　　　　　　谓语　主语
　　主位　　述位　　　　　　　　　　　　　　　主位　　述位

Sally 在两个句子中都是语法意义上的主语,但在(a)中是主位,而在(b)中为述位。

马泰休斯对句子功能前景理论的最大贡献是探索了它所发挥的作用。他认为,词序现象构成了一个以词序原则(word order principles)为特征的层级系统。这个层级系统取决于这些原则运行的程度和方式。在捷克语的词序系统里,最主要的原则是句子功能前景:主位——过渡——述位的序列把词序转换成非感情性的、无标记的,而述位——过渡——主位的序列会转化成感情性、有标记的序列。马泰休斯的"过渡"是指实际上属于述位但处于外围状态而介于主位与述位之间的那些成分。他认为,在交流中,语言的词汇语法手段会因说话人当时的需要而被用来达到具体的目的。在与交际语境的要求相适应的情况下,词汇单位会获得意义,而这个意义从语法上讲,总有一个主语和谓语,并分裂成主位和述位。

丹尼斯(F. Danes)和其他学者提出了句法研究的三个层面:语义层面、语法层面、语境层面(即句子功能前景)。早在1926年,尔特勒(V. Ertl)区分了语法主语(grammatical subject)、逻辑主语(logical subject)和心理主语(psychological subject)。例如,表达某人或某物的特性的逻辑主语是语义层面上的现象。马泰休斯把语义与语法结构看作可以在不同语境下发挥作用并表现出不同前景的手段,因此他区分了两种句子,一种属于语言系统,另一种属于语境的一部分(即话语)。但是丹尼斯认为,话语现象显示出的模式正好是句子功能前景理论研究的对象。与这三个层次相一致,就可以区分语义句型(Semantic Sentence Pattern)、语法句型(Grammatical Sentence Pattern)、交际句型(Communicative Sentence Pattern)。就可以想象出一种语境,在这种语境里,语义结构与语法结构(如 John has written a poem)可以在动作者—动作—目标(Agent-Action-Goal)的语义句型、主语—动词—宾语(Subject-Verb-Object)的语法句型以及主位—过渡—述位(Theme-Transition-Rheme)的交际句型模式下充当话语。

在探索结构与功能的关系时,费尔巴斯(Jan Firbas)提出了"交际动力"(CD)的概念。其基础是,语言交际并不是静态的现象,而是动态的。费尔巴斯的这个概念是指信息形成过程中表现出来的交际特征。交际动力的大小是一个语言成分所起的作用,或者说是语言成分对交际影响的程度,因为它"向前推进交际"。因此在正常语序里,He was cross 可以从交际动力的角度来解释为:He 负载的动力最低,cross 负载的交际动力最高,was 介于两者之间。

费尔巴斯认为,研究语言材料中决定交际动力程度分布的规律,可以更深入地认识语言功能。任何成分——句子、短语、词、语素——都可以得到突出,以形成明显的反差。如 John **was** reading the newspaper 中,强调 was 就说明其他都是已知信息,只有 was 是待传送的信息,与现在时形成反差。在这种情境下,唯一传送新信息的成分是独立于上下文的,而其他所有传递已知信息的成分则依赖于上下文。因此,由于语境因素的存在,对上下文依赖与否主要取决于交际的目的,在 John has gone up to the window 中,the window 未必在上文是已知的,但是既然交际的目的是要表达"运动的方向",the window 必然独立于上下文而出现。如果一个宾语与上下文无关,例如在 I have read a nice book 中,a nice book 比限定动词拥有更大的交际力,这是因为宾语是表示对动词的扩展,因而也就更为重要。同样地，例如在 He was hurrying to the railway station 中，独立于上下文的表示地点的状语成分要比行为动词的交际力更大。这是因为状语成分表示出动作的方向，因而比动词本身更为重要。

在确定独立于上下文的成分所负载的交际力时，有两个需要考虑的因素：(1) 语义结构；(2) 在线性排列中语言成分的位置。首先，对句子功能前景层次上的语义结构而言，如果一个宾语依赖于上下文，那么它就比限定动词负载着更大的交际力。这是因为，前者比后者中的这一部分更重要。其次，不依赖于上下文的地点状语成分要比表达运动的动词含有更大的交际力。表达动作的方向时，状语成分比动词的交际力更大。例如，在 I don't know you were hurrying to the railway station 中，were hurrying 并不比 to the railway station 含有的交际力大。

如果动词、宾语以及状语不依赖于上下文，通常主语负载的交际力都要比动词、宾语及状语更小。这是因为主语表示出来的施动者，无论是已知还是未知，它的交际性都不如由限定动词表示出来的未知动作或是该动作所指向的未知的目标(由宾语和表地点的状语表现出来)重要。例如，在 A man broke into the house and stole all the money 中，其交际的最终目的是要陈述行为(the breaking and stealing)以及行为的目标(the house and the money)，并不是那个施动者(a man)。但是，如果主语伴随着一个表示"存在"或"出现"意义的动词(也有可能是一个表示时间、地点的状语)，而且主语是独立于上下文的，那么这个主语就具有最大的交际力。这是因为一个新人物出场或者某一事件的发生，人物或事件本身要比(诸如当时当地的背景等)场合和"出现"的动作重要得多，如 An old man appeared in the waiting room at five o'clock。而在 The old man was sitting in the waiting room 中，如果主语依赖于上下文，表示时间或地点的状语却不依赖上下文，这些状语就会变得更为重要，而且具有超过主语和限定动词的更大的交际力。

在以上例子的结构中，语义内容和关系决定了交际动力的程度，而且它们与语言成分在线性排列中的位置没有直接关系。但是，并非所有的语义内容和关系都能以同样方式表示交际力的程度。例如，语

境独立的不定式放在句末时,负载的交际力较小,试比较:

He went to Prague <u>to see his friend.</u>

<u>In order to see his friend</u>,he went to Prague.

同样,不受语境制约的直接宾语或间接宾语,出现在线性排列中位置靠后的那一个成分,交际力要大些,如 He give a boy <u>an apple</u> 和 He gave an apple <u>to a boy</u>。

费尔巴斯把句子功能前景定义为"不同程度的交际力的分布"。他的解释是,排列的第一个成分负载的交际力最低,然后逐步增加,直到交际力最大的成分。但是,相对于主位在前、过渡居中、述位在后的规则来说,总是有些例外的情况发生。而且,有时候整个分布场都不受语境的制约(如 A girl broke a vase),于是,主位也不一定总是受着语境的制约。但是,一切受语境制约的成分总是主位的。另一方面,非主位的成分总是独立于语境,但并非所有独立于语境的成分都是非主位性质的。

在实际分析中,遇到的情况要更复杂。费尔巴斯分析了英语中六类谓语动词的特征。第一类是以 What did you say? 为代表的。疑问句有两种功能。一是表示提出问题的人希望知道什么,二是告诉被问的人需要提供什么信息。第一个功能是由 what 来实现的,第二个功能由其他部分实现。但是,句子的其余部分有好几个功能性前景:What **did** you say? What did you **say**? 和 What did **you** say?

第二类是以 They were booked up too, really... 为代表的。这个句子中的动词显然是已知信息,交际力基本消失。

第三类是以 The proprietor was most friendly 为代表的。英语动词中只有 to be 的语义因素最弱且交际力极小,只构成"过渡"。

第四类是以 Then I retired to a seat in a park and spent half an hour or so... 为代表的。这类句子的动词语义成分也很弱,后面常常跟着一个独立于上下文的宾语成分,因此动词本身的交际力很弱,构成"过渡"。

第五类是以 We **missed** the news last night 为代表的。这类句子中的动词可以通过韵律特征(重读)达到对比的效果,从而获得极大的交际力,构成真正的述位。

第六类是以 Well, that **does** sound nice 为代表的。这类句子中的动词韵律特征功能最强。但其功能不是由动词的意义部分 sound 来完成,而是靠情态部分 does 来完成。

据费尔巴斯统计,这六类动词中,第四类出现的频率最高。揭示出词序仅仅是交际力分布的手段之一这一事实,具有深远的意义,因为虽然词序会有不同或变化,但在一个分布域(distributional field)内的语言成分之间与交际动力有关的关系总是不变的。

布拉格学派兴盛的时间虽然并不长,但它在语言学史上的意义是重大的。布拉格学派的语言学理论,全面深刻地体现了结构主义思想,使他们得出的原则具有普遍意义,从而使语言学研究走上了科学的道路。20 世纪的美国音位学、功能语法理论和文体学,都离不开布拉格学派的理论,如音位学理论和句子功能前景理论。

3.2　哥本哈根学派

在布拉格学派语言学家研究语言学理论的同时,以丹麦哥本哈根为中心,诞生了结构主义三大流派之一的另一个语言学流派——哥本哈根学派。该学派成立于 1931 年,在欧洲结构主义的传统基础上继承和发扬了索绪尔的结构主义理论,在现代语言学史上具有重要地位。

哥本哈根学派人数不多,主要代表人物是叶尔姆斯列夫(L. Hjelmslev, 1899—1965),其他代表人物有尤尔达尔(H.J. Uldall, 1887—1942)和布龙达尔(V. Brondal)。

叶尔姆斯列夫生前曾任哥本哈根大学哲学系所属的比较语言学和语音学研究室主任。他一生的著作有百余种,不过集中反映其理论观点的著作是《语言理论导论》(*Prolegomena to a Theory of Language*, 1943)一书。这位丹麦语言学家 20 世纪 50 年代才受到真正重视。他的理论极大地影响了后来提出层次语法(Stratificational Grammar)的美国语言学家兰姆(Charles Lamb)。

哥本哈根学派继承了索绪尔关于语言是一个符号系统、语言是形式而不是实体等观点,并进一步加以发展,从而形成了一个与布拉格学派极不相同的结构主义学派,有人称之为语符学(glossematics)。语符学强调语言学理论的本质和现状以及语言与描述之间的关系。同时也区分了系统与过程,即对任何一个过程来说,都有一个相应的系统,在这个系统里,过程可以得到描述。语符学的主要特征之一是强调研究关系而不是物质对象。物质对象可以被看做功能性的。

哥本哈根学派的特点是偏重纯理论研究,具体语言分析方面的著述极少。因此,即使是赞成这个学派观点的一些语言学家也不得不承认哥本哈根学派的理论对语言科学没有多大的实际用处。例如,美国结构结构主义语言学家加尔文(Paul Garvin)就曾指出:"当你理解了《语言理论导论》的观点时,你会感到一种享受。但是,另一方面,这本著作对于具体的语言分析帮助不大。"(冯志伟,1999:66—67)

尽管哥本哈根学派人数不多,而且又偏重纯理论研究,但它在现代外国语言学诸流派中,仍占有重要地位,这大概是因为这种理论顺应了许多人文科学和精密科学发展的总趋势的缘故。

哥本哈根学派和布拉格学派都力图贯彻索绪尔的语言理论,但是这两个学派却以索绪尔语言理论的不同方面为依据,因此其结论也各有差别。哥本哈根学派的代表人物叶尔姆斯列夫抛弃了索绪尔关于语言的社会本质的论点,关于音位的物质性的论点,排除了索绪尔理论中与语言现实有联系的组成部分,而把索绪尔关于语言是一个符号系统、关于语言和言语的区分、关于语言是价值体系、关于语言是形式不是文体等论点发展到极致,得出了一个在逻辑上前后一贯的、自圆其说的语言理论体系。所以,我们可以把叶尔姆斯列夫的语言理论看成是对索结尔语言理论的片面解释,当然其中也不乏叶尔姆斯列夫本人的独到见解。

叶尔姆斯列夫在早期研究中相信,词序相当重要,研究表达应该优先于研究意义。后来在研究了格的范畴后认为,研究意义应该优先于研究表达形式,因为格可以由意群来界定。最后,他采取了一个非常抽象的研究方法,提出语言系统含有很多关系,语言学研究的重点应该是这些关系,而不是表现这些关系的成分。

叶尔姆斯列夫的《语言理论导论》是他语言学理论诸方面问题研

究的高度概括。在这本书中他讨论了常量和变量问题、语言图式和运用、分析的实体、语言与非语言、符号学等。叶尔姆斯列夫对语言的描述无疑具有浪漫主义色彩,但他确实注意到了语言的重要特质:语言的遗传性、社会性、重要性,与思维的关系,与文化的关系以及语言与言语的区别等。

叶尔姆斯列夫指出,不该把语符学与索绪尔的理论等同,很难说索绪尔的观点是如何在思想中具体形成的,而他自己的理论和方法在接触到索绪尔的观点之前就已经逐渐形成了。回过头来阅读索绪尔的《普通语言学教程》,更加证实他自己的许多观点。他说:"索绪尔以前的语言学中,任何问题都是从个人行为的角度提出的。言语活动被缩小为个人行为的总和。新语言学理论与传统语言学的原则区别和转折点正是在这里。索绪尔尽管承认个人行为的重要性及其对语言变化的决定性作用,从而对传统观点作了充分的让步,但是他终于建立了与以前根本不同的原则:结构语言学,格式塔语言学(Gestalt linguistics),它应该代替,至少是补充以前的纯联想的语言学。"(冯志伟,1999:68)

叶尔姆斯列夫提到的"格式塔语言学",也就是按照格式塔心理学建立的语言学。他认为,结构语言学实质上就是格式塔语言学。"格式塔",是指任何一种被分离的整体而言的,格式塔语言学就是反对元素分析,强调整体组织的语言学。叶尔姆斯列夫认为,这种语言学才是真正体现了结构主义精神的结构语言学。在他看来,结构语言学必须强调,语言现象是一种格式塔,是一个"被分离的整体",整体并不等于部分的总和,它并不是由若干个部分组合而成的,整体乃是先于部分而存在的,并且它还制约着部分的性质和意义。

叶尔姆斯列夫公开声称,哥本哈根学派是从属于用结构主义方法研究语言学的一个学派。他说:"没有必要提及那些在语言学中应用结构主义方法而得出的结论。只要指出下述情况就足够了:有了结构主义方法之后,语言学才彻底脱离了主观主义及不精确的状况,才脱离了直觉的、纯粹个人的论断,而最终有可能变为真正的科学。……当语言学成为结构主义的语言学时,它才是客观的科学。"(冯志伟,1999:69)叶氏的主要观点包括:

1. **语言的本质**　叶尔姆斯列夫总结了前人对语言的观察,全面地阐述了语言的性质。他认为语言是取之不竭用之不尽的资源。"语言,即人的话语,是永不枯竭的、方面众多的巨大宝库。语言不可与人分割开来,它伴随着人的一切活动,语言是人们用来构造思想、感情、情绪、抱负、意志和行为的工具,是用来影响别人和受别人影响的工具,是人类社会的最根本、最深刻的基础。同时,语言又是每个人最根本的、不可缺少的维持者,是寂寞中的安慰;在十分苦恼时,诗人和思想家是用独白来解决思维矛盾的。在我们有意识之前,语言就已经在耳边回荡,准备环抱我们最初思想的嫩芽,并将伴随我们的一生。不论是日常最简单的活动,还是最崇高的事业,或者私人生活,人们一分一秒也离不开语言。是语言赋予我们记忆,我们又借助于记忆而得到温暖和力量。然而,语言不是外来的伴侣,语言深深地存在于人脑之中,它是个人和家族继承下来的无穷的记忆。而且,言语是个人性格的明显标志,不论是何种性格;它又是家庭和民族的标记,是人类的崇高特权。语言与性格、家庭、民族、人类、生活之联系如此紧密,我们甚至有时怀疑语言是这一切的反映,或者是这一切的集合,是这一切的种源。"(刘润清,1995:154)

要建立一门真正的语言科学,而不是辅助性的科学,语言学就必须抓住语言的本质,不是把语言当做一种非语言现象的聚合,而是自足的、本身结构的总和。只有这样,才能真正地、科学地研究语言。

2. **语言学理论与人文主义**　通过纯形式方法研究具体语言结构的理论,在考虑到言语变化音素的同时,不能只注意这些变化。根据语言的符号逻辑理论,叶尔姆斯列夫认为,语言学不同于历史、文学、艺术等人文科学,语言学理论要发现一种常量(constant),使之投射于现实。在任何过程中,必然有一个系统;在任何变动中,必然有一个常量。语言学的任务就是演绎地建立这个系统,这个系统将预见到语言单位的各种可能的组合。因此,它必然要高于单纯描写的科学。正是这种常量不是语言以外的某种"现实"中的东西,它决定了语言的本质,使一切实体与变体基本一致。传统语言学所采用的归纳法只能指出不同语言中的差异,而不能引导研究者们得出他们所要追求的常量,因而不能建立语言理论。真正的语言学必须是演绎的。

3. **语言学理论与实证主义**　叶尔姆斯列夫认为,语言学理论要受实验数据检验。他的原则是,描写应该不出现前后矛盾,要详尽无遗,而且要尽量简单明了。但坚持经验/实证主义原则并不意味着坚持归纳法。叶尔姆斯列夫认为归纳法有明显的缺陷,发现的是变量,不是常量,比如"完成"、"虚拟"、"被动"等概念在不同语言中指不同的事实,所以他坚持,语言学研究应该采用演绎法,从一般到具体,是分析而不是综合。尽管实证主义原则与归纳法似乎有矛盾,但他说只有通过这个办法才能更为全面地对待语言问题。一方面,语言学理论要能经得起语言事实的检验。另一方面,语言学理论应该囊括所有语言事实。也就是说,理论与事实应该互补。虽然语言学理论依赖于语言事实,但语言事实也可以依赖于理论。从任意性角度看,这样的理论也许不现实。但从适合性上看,这样的理论又是现实的。

4. **语言学理论的目的**　叶尔姆斯列夫认为,以前的语言学往往把语言研究作为工具,而不是作为目的。把语言看成是符号系统,为的是研究人类思维系统和人类心理实质;把语言看成是一种社会制度,为的是研究一个民族的特征;把语言看成一种不断变化的现象,为的是研究个人语体变化和人类的变迁。叶尔姆斯列夫提出了语言学理论及其描述应该达到的标准。他说,语言学理论应该是内在的,也就是说,应该把语言当做自足的结构来分析,同时也应该有任意性和合适性。其目的应该是提供一个描述程序,这个描述程序应该始终一致、恰当、简单。语言学理论研究的是篇章,但理论所提供的不仅仅是理解某个篇章的程序,而是理解一切篇章的程序,既包括现存的篇章也包括潜在的可能篇章,不仅仅适合于一种语言的篇章分析,而且适用于一切篇章的分析。

叶尔姆斯列夫忠实地继承了索绪尔的理论。他把整个语言学归为结构问题,即语言的形式问题,正是受到索绪尔的语言符号理论、价值理论和一系列对立关系等概念的影响。同时,他在很多方面发扬了索绪尔的思想。索绪尔把语言符号分为能指和所指,叶尔姆斯列夫提出了两个平面的理论,把语言世界分为两个平面四个方面,并提出了语言的三种关系(决定关系、依存关系和并列关系)。

哥本哈根学派的语言学理论,目的是解决两个问题。第一是语言学的对象问题,第二是语言研究的准确化问题。他们在追求形式化过程中,把语言学与数理逻辑紧密结合起来,认为只有语言学成为结构主义的语言学时,才是客观的、科学的。这个思想对包括哈里斯、乔姆斯基、韩礼德等不同语言学流派的语言学家都有很大影响。

3.3 伦敦学派

伦敦学派通常是指英国的语言学研究。英格兰不仅在语言学研究方面有着不同寻常的悠久历史,而且在现代语言学领域也独具特色。弗斯(J. R. Firth,1890—1960)使语言学在英国完全成为一门公认的科学,他也于1944年成为英国第一位语言学教授。在英国,大多数教授语言学的大学教师都接受过弗斯的指导或受反映弗斯思想的著作的影响。所以,尽管语言学研究后来开始在许多地方盛行起来,"伦敦学派"还是专门用来指独具特色并有英国风格的语言学研究。

弗斯主要受到人类学家马林诺夫斯基(B. Malinowski,1884—1942)的影响。继而,他又影响了他的学生——著名的语言学家韩礼德(M. A. K. Halliday,1925—)。他们三人都强调"语言环境"和语言"系统"的重要性。因此,伦敦学派也被称为系统语言学和功能语言学。

3.3.1 马林诺夫斯基的理论

马林诺夫斯基自1927年开始一直在伦敦经济学院任人类学教授。他所创立的理论中,最重要的就是有关语言功能的理论,这与他纯粹的人类学研究有着明显的分别。在马林诺夫斯基看来,语言并非将思想从说话人的大脑传递给听话人的大脑的手段,也不是什么与思维相对应的东西,而应该被看做一种行为模式。按照马林诺夫斯基的观点,话语的意义并不来自于构成话语的词的意义,而是来自于话语与其所发生的语境之间的关系。

马林诺夫斯基的主张主要基于两种判断。第一,原始社团因为没有书面语言,所以语言只有一种用途。第二,一切社会中儿童都是以这种方式学会语言的。马林诺夫斯基巧妙地比喻道,在儿童看来,一个名称对它代表的人或物具有某种魔力。儿童凭借声音而行动,周围的人对他的声音做出反应,所以这些声音的意义就等于外界的反应,即人的活动。

马林诺夫斯基认为,话语常常与周围的环境紧密联系在一起,而且语言环境对于理解话语来说是必不可少的;人们无法仅仅依靠语言的内部因素来分辨话语的意义;口头话语的意义总是由语言环境决定。马林诺夫斯基还区分了三种语言环境:(1)言语与当时的身体活动有直接关系的环境;(2)叙述环境;(3)言语仅仅被用来填补空白的环境——寒暄交谈。

就第一种语言环境来说,马林诺夫斯基指出,一个词的意义并不是由其所指的自然属性给予的,而是通过其功能获得的。原始人学习一个词的意义的过程不是去解释这个词,而是学会使用这个词。同样,表示行为的动词,通过积极参与这个行为而获得意义。对于第二种语言环境,马林诺夫斯基进一步区分了"叙述本身所处的当时当地的环境"和"叙述涉及或所指向的环境"。第一种情况"由当时在场者各自的社会态度、智力水平和感情变化组成"。第二种情况则通过语言所指来获得意义(例如神话故事中的情境)。马林诺夫斯基坚持认为,尽管叙述的意义与语言环境没有什么关系,但却可以改变听话人的社会态度和思想感情。第三种语言环境是指一种诸如"自由的、无目的的社会交谈"。这种对语言的使用与任何人类活动都毫无关系,其意义不可能来自使用语言的环境,而只能来自"社会交往的气氛……谈话者之间的私人交流"。例如一句客气话,它的功能与词汇的意义几乎毫不相干,马林诺夫斯基把这种话语称为"寒暄交谈"。

马林诺夫斯基在他 1935 年发表的《珊瑚园及其魔力》(*Coral Gardens and Their Magic*)一书中进一步发展了他的语义学理论,并且提出两个新的观点。第一,他规定了语言学的研究素材,认为孤立的词不过是臆造的语言事实,不过是高级语言分析过程的产物。有时候,句子是个自成一体的单位,但即使是句子也不能看作完整的语言素材。在他看来,真正的语言事实是在实际语言环境中使用的完整话语。马林诺夫斯基的第二个观点是:如果一个语音用于两种不同的语言环境,则不能称之为一个词,而应该认为是两个词使用了同样的声音或是同音词。他说,要想规定一个声音的意义,就必须仔细研究它被使用时的环境。意义不是存在于语音中的某种东西,而是存在于语音与环境的关系之中。

马林诺夫斯基的"语言环境"和"意义是情境中的功能"这两个概念,为后来弗斯的语言学研究提供了相当有益的背景。

3.3.2 弗斯的语言学理论

弗斯通过吸收索绪尔和马林诺夫斯基的某些观点继承了他们的传统,同时又发展了他们的理论并提出了自己的见解。在马林诺夫斯基的影响下,弗斯把语言看做社会过程,是人类社会生活的一种方式,而并非仅仅是一套约定俗成的符号和信号。他认为,为了生存,人类必须学习,而且学习语言是一种参与社会生活的手段。语言本身是一种做事的手段,也是一种使他人做事的手段;还是一种行为手段,也是一种生活手段。

在索绪尔的语言学思想影响下,弗斯认为语言有两个组成部分:系统和结构。"结构"是语言成分的组合顺序,而"系统"是一组聚合单位。因此,结构是横向的,系统是纵向的。

```
            S
            Y
            S
STRUCTURE
            E
            M
```

在语法层面上,有些句子是相同的,如:

John helped Mary.

John met Mary.

John greeted Mary.

John liked Mary.

以上四个句子都有"主语＋动词＋宾语"的结构，其中 helped，met，greeted，liked 都是一个动词系统中的成分。在音系层面上，pit，bed，file，vase 等是 C_1VC_2，即"结构"，同时有三种不同的系统：(1) /p/，/b/，/f/，/v/；(2) /i/，/e/，/ai/；(3) /t/，/d/，/l/，/s/。因此，弗斯指出，系统规定了语言成分可以出现的位置，也就是搭配规则。结构不仅仅是词序那么简单，因为在成分之间有相互期待的关系。

不过，弗斯不完全同意索绪尔对语言系统与言语行为的区分，他也不同意语言学研究的对象是言语的说法。他认为，社会中的个人就像舞台上的一组演员，每个人都要扮演自己的角色。个体的人出生于自然（nature）并成长于教养（nurture），语言也有这两种特点。因此，语言有三种含义：

(1) 语言有自然性。我们使用语音、动作手势、符号和象征的后面，有强烈的渴望和动机。

(2) 语言是系统性的。我们接受教育的结果，就是学会了传统的系统和言语习惯，这些是牢固地存在于我们的社会活动中的。

(3) 语言被用来指称很多个人的话语和社会生活中数不清的言语事件。

弗斯既不把语言看做完全天生的，也不把语言完全看做后天获得的。他倾向于采取一种折衷的态度，认为语言既有先天成分又有后天成分。因此他坚持，语言学研究的对象是在实际使用中的语言。研究语言的目的就是把语言中有意义的成分分析出来，以便建立语言因素与非语言因素之间的对应关系。研究语言的方法是，决定语言活动的组成部分，说明它们在各个层次上的关系以及它们之间的相互关系，然后指出这些成分与所处环境中的人类活动之间的内在联系。这就是说，弗斯试图把语言研究和社会研究结合起来：人与文化价值是不能分离的，语言是文化价值非常重要的一部分，所以语言学可以帮助人们揭示人的社会本质。

3.3.2.1 意义研究

弗斯的主要研究是语义学与音系学。在意义的研究上,他采用了社会学方法。他研究的"意义"不仅仅包括词汇与语法意义,而是更广的一个概念,包括了语言在具体语境中的意义。

弗斯在不同层面上研究了意义。在音系层面上,他相信语音由于语音所处的位置而有其功能,而且语音与其他可以在相同地方出现的音之间的反差也有其功能。在词汇层面上,他提出,词汇的意义不仅由其常规的指称意义(referential sense)来决定,而且受其搭配来决定。例如,在 March hare 和 April Fool 中,再也没有月份的意义。在情景语境层次上,弗斯认识到,要确定构成情景语境的因素,是很难办到的。但他在《语言学论文集》(*Papers in Linguistics*,1957)中列举的因素,包括了情景语境也包括了语言环境:

(1) 参加者的相关特征:人物、性格
    (a) 参加者的语言行为
    (b) 参加者的非语言行为
(2) 相关主题,包括物体、事件以及非语言性和非人格性的事件
(3) 语言行为的效果

弗斯指出,意义是用途,因此把意义定义为不同层次上的成分和该层面上成分与情景语境之间的关系。根据他的理论,任何句子的意义都含有以下五个部分:

(1) 每一个音素和它的语音环境的关系
(2) 每一个词项和句子中其他词项的关系
(3) 每一个词的形态关系
(4) 作为例子被给出的句子的类型
(5) 句子与其所处语境的关系

第一是语音层,通过分析语音的位置和与其他音的对立来找出语音的功能。例如,英语中/b/的特征如下:(1) 是一个词(如 bed,bid)的首音;(2) 出现在元音前;(3) 在某些辅音前(如 bleed,bread);(4) 从来不在元音后出现。/b/与其他音的对立可以描述为:(1) /b/

在词头出现时,与/p/和/m/有很多共同点。/p/和/m/可以出现在/s/前,但/b/不能;(2)/p/和/m/与/b/的发音部位相同。不过,/b/和/p/都是唇音而不是鼻音;/m/是鼻音而不是爆破音;(3)/d/是齿龈音,但与/b/的对立与其和其他音的对立不同。

第二是词汇和语义层,这一层的分析目标不仅要说明词的所指意义,而且要说明搭配意义。例如,night 的意义之一是和 dark 的搭配关系,而 dark 的意义之一是和 night 的搭配关系。

第三是语法层,又分形态学层和句法层。在形态学层上研究词形变化,在句法层上研究语法范畴的组合关系,或称"类连结"(colligation)。这种关系是靠语言的组成成分实现的,例如 We study linguistics。弗斯说,句法层上的类连结与词汇层上的搭配,其作用是相似的,都有相互期待的功能。但也有区别,因为类连结中的成分可以不连续。比如说,宾语从句肯定会中断语法范畴的连续,如 The man who is going to make the announcement has not arrived yet.

第四个层面是情景语境。在这个层面上,研究的是非语言成分(如物体、行为、事件)以及语言行为的效果。这种研究不区分词和思想。通过这样分析,我们就能解释为什么一定的话语在一定的场合出现,因此也就把"使用"等同于"意义"。弗斯的情景语境是指一系列情景语境,每一个情景语境都包含在更大的情景语境之中,最后所有的情景语境都在文化情境中发挥作用。

弗斯在前四个层面上没有做什么具体研究。像马林诺夫斯基一样,他把语言环境作为研究的重点。他对语言环境的定义包括整个言语的文化背景和个人的历史,而不仅仅是语言出现的环境中人们所从事的活动。弗斯发现,句子的变异是无穷的,于是他提出了"典型情景语境"(typical context of situation)这一概念。这样,就可以做出概括性的论断。用典型情景语境这一术语,弗斯的意思是,社会情景语境决定了人们必须扮演的社会角色;由于人们遇到的典型情景语境是有限的,因此社会角色的总数也是有限的。基于这个原因,弗斯说,与大多数人们所想象的不同,谈话更像一种大体上规定好的仪式,一旦有人向你说话,你则基本上处于一种规定好了的环境,你再也不能想说什么就说什么。于是,语义学就成了对出现在典型情景语境中的话语进行分类的问题。

弗斯继而进行了更为具体更为细致的语境分析。他提出,在分析典型语言环境时,应该在以下四个层面上进行:

(1) 篇章本身的内部关系
　　(a) 结构中成分间的组合关系
　　(b) 系统中单位的聚合关系及其价值
(2) 情景语境的内部关系
　　(a) 篇章与非语言成分之间的关系及其整体效果
　　(b) 词、词的部分、短语之间及情景语境中特殊成分之间的分析性关系

3.3.2.2　语音研究

弗斯对语言学的第二个重要贡献是韵律音位学(prosodic phonology)研究。这是他 1948 年在伦敦语文学会(London Philological Society)提交的论文《语音与韵律成分》(Sounds and Prosodies,1948)中提出的一个分析方法。

弗斯的韵律分析方法独具特色。首先,他区分了组合与聚合关系。他认为,具有聚合关系的单位是"系统单位"(systematic units),具有组合关系的单位是"结构单位"(structural units),这是首创性的。弗斯的"韵律"有特殊意义。由于人和人的话语都是由一个连续不断的、至少由一个音节构成的语流,所以就不能切分成独立的单位。要分析不同层次的功能,仅仅靠语音和音系学描述是不够的。音系学描述仅仅说明了聚合关系,根本没有考虑到组合关系。弗斯指出,在实际言语中,并不是音位构成聚合关系,而是准音位单位(phonematic units)。音位单位中的特征要比音位中的特征少,因为有些特征是一个音节或短语(甚至句子)所共有的。当在组合关系中考虑这些特征时,它们都被称作韵律单位(prosodic units),可以用下列公式表示:

　　音位－准音位单位 ＝ 韵律单位
　　音位－韵律单位 ＝ 准音位单位

弗斯没有给韵律单位下定义。但是他在论证中描绘了韵律成分

的组成,包括重读、音长、鼻化、硬腭化和送气等特征。总之,这些特征不单独存在于一个准韵律单位。

弗斯韵律音位学的第二个原则是"多系统性"(polysystemic),与"单系统性"(monosystemic)相对立。传统音位学把音位的变体看作同一个音位,认为它们是互补分布关系,如/p/在 pin 和 speak 中送气与不送气的区别,都被归为同一个音位/p/。单系统性的分析方法有时候会遇到问题,但多系统性分析方法可以通过系统概念表达出更多特征。如英语 ski,单系统性方法仅仅指出两个辅音和一个元音的序列,而多系统性方法揭示出同一个词更多的特征,用 $C_1C_6V_6$ 表示,意思是,在辅音/k/前只有一个音位/s/来组成一个辅音丛(consonant cluster),而在音位/s/后可以有六个音位(/p/、/t/、/k/、/l/、/w/、/y/)来组成一个辅音丛。元音/iː/属于另一个六元音系统(/iː/、/e/、/ɑː/、/ɔː/、/oː/、/uː/)。在汉语里,首位置可以有很多辅音出现,但在尾位置只有两个,即/n/和/ŋ/。但系统性方法把/ŋ/当做某个首辅音的变体,但实际上没有与之相似的首辅音。对弗斯来说,如果把它们看做属于两个不同系统,问题就很简单。

强调"多系统分析"并不意味着忽视结构分析。事实上,弗斯非常重视组合关系。他认为,分析话语的基本单位不是词,而是语篇(text),而且是在特定环境下的语篇。把语篇拆成各种层次是为了便于研究。各个层次是从语篇中抽象出来的,因此先从哪一个层次下手都无关紧要。但是,不论先研究哪一个层次,都必须分析语篇的韵律成分。

韵律分析与音位分析的区别,不仅仅是不同的方法揭示了不同的特征。完全可以说,韵律分析和音位分析都考虑到基本相同的语音事实。但是,在材料归类和揭示材料的相互关系上,韵律分析有很多优越性,能在各个层次上发现更多的单位,并且力图说明这些不同层次上的单位相互关联。这就是弗斯在音位学上最大的贡献。

弗斯于1957年提出,音位学与音段音位学可以合并。同年,乔姆斯基对布龙菲尔德的音位学提出了质疑,怀疑直接成分分析法是否能解释所有语言中的关系。乔姆斯基的目的是揭示语言的内在关系,但是弗斯研究具体话语,而且重点在情景语境上。

也有人对弗斯的理论提出批评。第一,他未能对自己的理论做出完整的系统的阐述,而且他自己的不同论文之间很难看到有什么联系。第二,他未能提出一套技术术语或范畴概念,使自己在不同层面的描述更为规范和统一。第三,他的论文艰涩,语义模糊,难懂。

3.4 结　语

　　布拉格学派、哥本哈根学派、伦敦学派的早期功能主义语言学理论,分别侧重不同的领域,为 20 世纪上半叶的语言学做出了显著贡献,也为 20 世纪后半叶的功能语言学奠定了坚实的基础。尽管布拉格学派的主要贡献在于音位学,但它影响到了当代语篇分析和文体学等很多领域。尽管哥本哈根学派的叶尔姆斯列夫提出的区别性术语仅仅是为语符学提出的,但它几乎影响到后来各个不同学派的语言学理论。伦敦学派的语言学理论,是韩礼德的系统功能语言学的直接理论基础。

第四章

系统功能语言学理论

4.0 引 言

韩礼德(M. A. K. Halliday)在伦敦学派语言学思想的基础上发展和创立的系统功能语法,是20世纪最有影响力的语言学理论之一。系统功能语法从社会学角度出发,重视语言功能,它的影响延伸到与语言相关的各个领域,如语言教学、语篇分析、文体学、机器翻译等。

系统功能语法包括两个方面:系统语法(Systemic Grammar)和功能语法(Functional Grammar)。它们是韩礼德创建的语言学理论框架中不可分割的重要组成部分。系统语法是指将语言看做由若干子系统组成的系统网络(system network),又称意义潜势(meaning potential),而语言使用者使用语言表达意义,被看做从该系统网络中进行各种有意义的选择的过程。系统语法要研究的是语言这个系统的构成以及其内部各个子系统的相互联系。功能语法试图揭示语言是人类交流的一种手段。它基于这样一种假设,即语言需要完成的功能决定了语言的系统和形式。

系统功能语法建立在两个事实基础之上:(1)语言使用者在语言的系统网络中做出选择,并试图在社会交往中实现不同的语义功能；(2)语言是人类进行社会活动不可缺少的部分。因此，系统功能语法把实际使用的语言现象作为研究对象，而不是像转换生成语法那样，把理想化的语言使用者的语言能力作为研究对象。

4.1 韩礼德其人

韩礼德的中文名字是自己取的，全名是 Michael Alexander Kirkwood Halliday。1925 年生于英国利兹(Leeds)，1947 年在伦敦大学获得汉语言文学学士学位；1947—1949 年在北京大学学习，师从罗常培教授；1949—1950 年在岭南大学师从王力教授。回到英国后，在弗斯教授的指导下攻读博士学位。1955 年完成了博士论文《〈元朝秘史〉的语言》(*The Language of the Chinese "Secret History of the Mongols"*，1959 年由 Blackwell 出版公司出版)。此后在剑桥大学和爱丁堡大学教授语言学多年。1965—1970 年任伦敦大学普通语言学教授；1970—1972 年在耶鲁大学、布朗大学、内罗毕大学任客座教授；1972—1973 年任斯坦福大学行为科学研究中心研究员；1973—1974 年任伊利诺伊大学语言学教授；1974—1975 年任英国爱塞克斯大学教授。1975 年移居澳大利亚，并在悉尼大学创建了语言学系，担任系主任十多年直到 1988 年退休。1978 年当选为美国语言学协会荣誉会员，1979 年当选为澳大利亚人文科学院院士，1987 年获英国伯明翰大学名誉文学博士学位，1988 年获加拿大约克大学名誉文学博士学位，1989 年当选为英国科学院通讯院士，1995 年受聘为北京大学客座教授。

韩礼德的研究范围很广，包括语义学和现代英语语法、儿童早期的语言发展、语篇语言学、语域变体、应用语言学、人工智能中的文本生成、汉语语法及音系学。他的著作涉及系统语法和功能语法、语言习得、语言与社会、语言与符号学、语言教学与翻译、语篇分析和文体学等。

由于受到弗斯、布拉格学派语言学家、叶尔姆斯列夫等的影响，在 20 世纪五六十年代，韩礼德发展了他的系统语法。这一阶段他的论著包括《现代汉语的语法范畴》(Grammatical categories in modern Chinese, 1956)、《语法理论的范畴》(Categories of the theory of grammar, 1961)、《语言中词类与连锁轴和选择的关系》(Class in relation to the axes of chain and choice, 1963)、《英语语法中的声调》(Intonation in English grammar, 1963)、《"深层"语法札记》(Some notes on "deep" grammar, 1966)、《作为一个语言层次的词汇》(Lexis as a linguistic level, 1966)等。几乎在同一时期,他研究了语法的功能性,这方面的论文和专著包括《英语小句主位组织的某些方面》(*Some Aspects of the Thematic Organization of English Clause*, 1967)、《英语及物性和主位札记》(Notes on transitivity and theme in English, 1967, 1968)、《英语小句的选择与功能》(Options and functions in the English clause, 1969)、《英语口语教程》(*A Course in Spoken English*, 1970)、《语言结构和语言功能》(*Language structure and language function*, 1970)、《语言功能和文学文体》(Linguistic function and literary style, 1971)、《作为社会视角的语言》(Language in a social perspective, 1971)、《语言功能探索》(*Explorations in the Functions of Language*, 1973)、《学会表意:语言发展探索》(*Learning How to Mean: Explorations in the Development of Language*, 1977)、《作为社会符号的语言》(*Language as Social Semiotic*, 1978)、《功能语法导论》(*An Introduction to Functional Grammar*, 1985/1994)。韩礼德是一位孜孜不倦的学者,在语言学的各个领域都有探索和发现。其他著作包括《学习亚洲语言》(*Learning Asian Languages*, 1986)、《语言与社会化:家园与学校》(Language and socialization: home and school, 1988)、《语料库研究与盖然性语法》(Corpus studies and probabilistic grammar, 1991)、《北京话尾音的系统阐释》(A systemic interpretation of Peking syllable finals, 1992)。他与Hasan合著了《英语的衔接》(*Cohesion in English*, 1976)和《语言、语篇、语境》(*Language, Text and Context: Aspects of Language in a Social Semiotic Perspective*, 1985),还与马丁(J. R. Martin)、麦西逊(C. Matthiessen)等人合作出版了一些很有影响的著作。

可以这么说,韩礼德1985年版的《功能语法导论》标志着系统功能语法理论的成熟,1994年第二版标志着该理论的进一步完善。他与麦西逊经过多年合作修订于2004年出版的第三版标志着系统功能语言学理论进入了一个崭新的阶段。韩礼德在序言中写到:"其结果是介于修订本和一本新书之间。"新版虽然篇幅比以前大很多,但韩礼德仍把它叫做导论,因为他们"所介绍的人类语言之语法,考虑到其丰富和复杂程度之高,这仍然是一个简要的导论(a short introduction)"(Halliday,2004:ix)。

4.2 韩礼德的语言观

韩礼德从人类学和社会学的角度出发研究语言与社会之间的关系,把语言看做"社会符号"(social semiotic)①。这一理论框架包括几个重要概念:功能、系统、层次和语境。

韩礼德认为在语言学研究的众多方法中有两种是最主要的。一种是从外部(即社会文化的支配与影响)出发来研究语言;另一种是从内部(即心理认知的机制和运作方式)出发来研究语言。这两种方法都是用来解释语言的本质和基本特征的,不同点在于如何看待系统和行为的关系。从心理学出发的语言学研究从研究人脑的机制入手,把语言看做一种知识(language as knowledge),而从社会学出发的语言学研究则从研究社会交流活动入手,把语言看做一种行为(language as behavior)。后一种研究方法把语言行为看做一种社会现象,是个体与个体、个体与社会环境互动的产物。韩礼德还区分了语言研究的两个不同立场:"生物体内"(intra-organism)的研究立场和"生物体间"(inter-organism)的研究立场。采取前一种立场的研究者把个人视为一个整体,从外部对个人的语言情况进行研究,看他与其他个体交流的语言特点。采取后一种立场的研究者更着重于个体的某一部分(如大脑),从内部机制(如大脑的工作原理)入手研究个体的语言情况。

---

① 传统上我国学者都将 semiotic 一词译为"符号学",但是在1999年第六届全国功能语言学大会上,Halliday 用汉语说,在他的理论中 semiotic 一词是"意义学"的意思,因为在他看来语言符号和它所代表的意义是不可分的,意义存在于语言的所有层面,他的理论研究的目标是要揭示意义产生的社会根源。(朱永生等,2004)

韩礼德对于应该采取哪种立场并不抱有偏见，认为研究语言从这两个角度入手都可以。这主要是由于他认为这两种方法是互补的。虽然这两种方法之间存在明显的差异，但是有可能把它们结合在一起：我们可以把语言行为当做个体知识的一部分，同时也可以把作为知识一部分的语言当做行为的一种形式。换言之，我们可以从生物学的角度看待社会现象，也可以从社会学的角度看待生理现象。

个体能够进行语言交流的潜势表明个体内部存在支持这种能力的机制。另一方面，人脑储存语言并把语言用于有效交流的能力也说明"行为潜势"(behavior potential)的存在。韩礼德批评了转换生成语法过于强调从生物体内部研究的做法，他认为，"我们掌握母语并不是说我们把母语当做声音符号的抽象系统或者一部附有字典的语法书。我们掌握母语表明我们知道该如何使用它，比如我们知道如何使用这种语言与他人进行交流，我们知道如何根据自己所处的语言场景选择适当的语言形式等等。这些能力也可以被当做是知识的一种，我们知道如何正确自如地使用语言来达到不同的目的"(Halliday, 1978: 13)。

韩礼德选择从社会学的角度研究语言，他反对乔姆斯基的（或者说是索绪尔的）观点：即认为语言学是心理学的一个分支。这并不是因为他坚持语言学的自主性，也不是因为他否认从心理学角度研究语言的可行性，而是他认为根据研究兴趣和研究目的之不同，人们可以任意选择研究角度和方法。韩礼德认为乔姆斯基的突出贡献在于他首次把自然语言纳入形式化的范畴。从这个意义上讲，乔姆斯基创建的语言学理论是"简化主义"(reductionism)的一种表现形式。根据这种高度理想化的理论，自然语言可以被简化为一种形式系统。乔姆斯基认为只要保证讲话者和句子的理想化程度，那么语言不仅可以表现为一组规则，而且可以表现为有秩序的一组规则。这种高度理想化的代价是不得不把许多语言变体排除到研究范围之外，而这些语言变体引发了从事语言的社会学研究的学者的兴趣。当把研究对象看做社会人的时候，语言规则的秩序性就消失了，甚至连规则这个概念本身也受到了威胁。

韩礼德通过研究语言与社会需求、社会结构、社会文化背景的关系来探索语言的本质。他把语言看做文化符号系统的一种,而文化符号系统又存在于整个社会符号系统(即由社会、文化各方面因素构成的社会现实)之中。因为语言是一种特殊的符号系统,且被用来表示其他社会文化系统,所以我们必须在社会文化这个大背景下来解释语言的本质。

语言是社会功能的系统,这是人类语言特有的。人们在不同的语境中使用语言,语言的各种社会功能在使用中得以实现;语言系统中的每一个语言现象都可以从功能的角度解释。韩礼德把语言看作一个包含三个层次(即语义系统、词汇语法系统、音系系统)的符号系统],这种三重结构的理论与许多语言学家(如布拉格学派的学者)的观点是一致的。韩礼德的突出贡献在于他把每一个系统都看作一系列的选项,每一个层次都体现于它下面的层次。也就是说,语义系统体现于词汇语法系统,词汇语法系统又体现于语音系统。韩礼德还区分了"能为"(can do)、"能表"(can mean)、"能言"(can say)三个层次。"能为"指词汇语法系统。"能表"指语义系统,也就是意义潜势,具体说就是人类行为在语言系统中得到反映有哪些可能性。"能为"指的是人类的行为潜势,即人类可能实施的各种行为以及这些行为的运作模式。"能言"是"能表"的体现形式,"能表"又是"能为"的体现形式。

4.3　系统语法

在系统语法中,系统的概念是由一条基本的解释性原则构成的,语言被认为是"系统的系统"(system of systems)。系统语法试图建立各种相互关联的系统的网络,从而解释在语言中各种与语义相关的选择。

笼统地讲,系统中存在链锁系统(chain system)和选择系统(choice system):

```
                    |
                    | 选择轴
                    |
         _____|_____  链状轴
                    |
                    |
```

伴随着话语次序出现的维度是链状轴(axis of chain),而沿着纵线出现的基本模型则构成选择轴(axis of choice)。链状轴代表组合关系,选择轴代表聚合关系。出现在选择轴上的是对比关系。如果没有对比,语言就失去了交际的作用。链状轴处理语法的表层,例如句法结构、语言单位,以及它们的级(句子、小句、词组、词、语素)。选择轴处理语法的意义,例如系统和精密度阶(scale of delicacy)。韩礼德把系统定义为一系列可能的选择项,再加上入列条件(entry conditions)。入列条件规定了选项进入某一系统的条件,例如在条件 X 的限制下,系统中可供选择的有三个选项 A、B 和 C。这种选择是有强制性的,只要有这种条件存在,就一定要做出选择。实际上,入列条件可以被看做另一种选择。

与弗斯的音位学一样,系统语法首先关注各种各样的选择的本质和入列条件,一个人通过从各种系统中做出有意或无意的选择,从而能从某种语言里蕴藏的无数个句子里说出某一个特定的句子。系统语法的核心部分是构建句子的一整套有效选择的图表,并且配有对不同选择之间的关系的详细说明。例如,在人称这个系统中,我们必须同时在言语角色(speech role)和数(number)这两个子系统中进行选择。这几个系统构成了一个系统网络,它们之间的关系如下图所示:

```
                ┌ 第一人称
        ┌ 言语角色 ┤ 第二人称
        │        └ 第三人称
   人称 ┤
        │      ┌ 单数
        └ 数 ┤
               └ 复数
```

一个系统为我们提供了两个或两个以上的选项。例如,我们可以在包括过去时和非过去时两个选项的时态系统中进行选择。我们还可以在非过去时这个子系统中进一步进行选择,即选择现在时或是将来时。

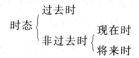

韩礼德的系统语法与其他语言学家的理论有所不同,主要体现在以下几个方面:(1)系统语法十分重视语言的社会学特征。(2)系统语法认为语言是"做事"的一种手段,而不是"知识"的表现形式。它区分了"语言行为潜势"和"实际语言行为"。(3)系统语法非常重视对个别语言以及个别变体的描写。(4)系统语法用"连续体"这一概念来解释众多语言现象(例如:不符合语法的——反常——不太反常——不太惯常——符合语法)。(5)系统语法依靠对各种文本的观察和统计学的手段来验证自己的假设。(6)系统语法把"系统"范畴作为基本范畴。

由于语言现象十分复杂,所以很难进行精确的分析。语言学家试图将语言分成不同范畴以便于分析,但是在实际操作中最终发现这些范畴之间的界限并不清晰。一些语言现象可以很容易地被划分到某个范畴中去,但是还有很多语言现象很难判断是属于哪个范畴的。这些范畴的界限十分模糊,而且一个范畴与其他范畴常有重叠之处。研究系统语法的语言学家非常重视语言的这种模糊性,他们认为引入"渐变"(cline)的概念有利于更好的描述语言的这种特性。但是,在分析语言现象时,我们必须假设在语言这个渐变体上存在着明确的界点,这样我们才可以把某种语言现象归入某个范畴中去。

一个系统就是一组选择项,即使是特定系统中的项目也有其共同之处,它们都属于同一语义范畴。比如单数和复数是相互区别的,但是二者都与"数"相关。所有的系统都具有以下三个基本特点:(1)系统中的选择是互相排斥的。选择了其中的一个,同时也就排除了选择其他项目的可能性。(2)每个系统都是有限的。我们完全能够确定一个系统的限度,然后说明它所包含的选项的数目。(3)系统中每一个选项的意义取决于系统中其他选项的意义。如果其中一个选项的意义改变了,其他选项的意义也会改变。

系统的互相排斥性和有限性使我们能够表明一个语义和其他语义之间的关系。为了更好地理解某个表达的意义,我们不仅要知道它是什么意思,而且还要知道它不是什么意思。如果一个新选项进入了一个系统,那么系统中原有的选项的意义就会相应缩减。例如,如果"双数词"这个项目进入到"数"这个系统中,那么原有的"复数"这个选项的一部分意义就被这个新选项取代了。相反,如果一个选项从系统中移出,那么留下的选项的意义就会相应扩展。

4.3.1 入列条件

在一个系统网络中,出现在箭头左侧的是入列条件,位于右侧的是可选项。这些选项并不是可以随意进入这个系统中,而是必须满足以下条件才可以成为该系统中的一员。第一,为了对事物进行更为严格的区分,系统中的选择必须有意义重合的部分,即同属于一个语义场。如下图:

```
         ┌ 时态                        ┌ 陈述
过去时 →  ┤ 现在时        语气系统 →    ┤ 疑问
         └ ?复数                       └ ?第三人称
```

过去时和现在时能作为一对概念放在一起,是因为它们同属"时态"这个语义场。而复数就不能进入这个系统,复数和单数才构成一个系统。再如,同属语气系统的有陈述和疑问,而第三人称就不属于此系统。第二,一个系统中的选择必须有共同的语法环境。第三,选择必须描写适合系统的正确单位(也就是说,必须说明该单位是小句还是短语)。第四,各个系统常常互相提供入列条件。很多情况下,当我们在某一系统中进行选择的时候,必须考虑到在其他系统中已做出的选择。例如,我们在语气系统中进行选择之前,先要在限定性系统中做出选择。

4.3.2 精密度阶

精密度阶是表示范畴的区别或详细程度的阶。它是一个连续体，一端是结构和类范畴中的基本等级，另一端是对该等级不能再细分的语法关系。在描写时，精密度是可变化的。我们从最概括的意义入手，然后根据需要逐步将意义进行越来越细致的划分。

在英语中，我们在不同类型的过程、参加者、环境成分中做出选择。这些都是及物性系统中的选项。首先，我们区分出六个过程，如下图：

及物性系统(Transitivity)
- 物质过程(Material Process)
  (*John kicked the ball.*)
- 心理过程(Mental Process)
  (*John likes Mary.*)
- 关系过程(Relational Process)
  (*John is on the sofa.*)
- 行为过程(Behavioural Process)
  (*John laughed.*)
- 言语过程(Verbal Process)
  (*John said it was cold in the room.*)
- 存在过程(Existential Process)
  (*There is a cat on the mat.*)

然后，我们再区分两种不同类型的物质过程和两种不同类型的心理过程：

物质过程
- 动作过程(Action Process)
  (*John kicked the ball.*)
- 事件过程(Event Process)
  (*The train left five minutes ago.*)

心理过程
- 内化过程(Internalized Process)
  (*I like it.*)
- 外化过程(Externalized Process)
  (*It puzzled everybody.*)

这样,及物性系统的精密度阶可以用下图表示:

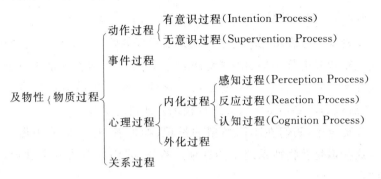

语气系统的精密度阶如下:

4.3.3 意义潜势和体现关系

在表达意义时,人们通常在系统网络中进行有意识的选择。当人们选定某个项目,就意味着某种要表达的意义也已被选择。从这个意义上讲,选择就是意义。比如,在语气系统中,如果我们选择使用陈述句,这就意味着我们想要表达陈述语气所蕴涵的意义。在一个系统中的所有项目都是可供选择的潜在意义,这也被称为"意义潜势"。

韩礼德认为各个层次之间存在着"体现"(realization)关系,即对"意义"的选择(语义层)体现于对"形式"(词汇语法层)的选择;对"形式"的选择又体现于对"实体"(音系层)的选择。换言之,"能做"体现于"能表";"能表"体现于"能说"。根据体现的观点,我们又可以把语言看做一个多重代码系统,即由一个系统代码于另一个系统。如下图:

意义　　　　　　　　语义层
　　代码于　　　　　　　↘(体现于)
措词　　　　　　　　词汇语法层
　　又代码于　　　　　　↘
语音(或文字)　　　　音系层

要了解句法结构产生的过程,我们必须要考虑系统、功能和句法结构这三者之间的关系。在系统语法中,系统网络主要用来描述功能的三个组成部分,或称三个纯理功能(Metafunctions):概念功能(Ideational Function)、人际功能(Interpersonal Function)、语篇功能(Textual Function)。每个功能都可表示为一个包含很多子系统的复杂系统,人们进行选择的时候是同时在这三个功能中进行选择。因此,系统语法中包含着功能的成分,功能语法从理论上讲是以系统网络的方式体现的。

4.4　功能语法

韩礼德和其他活跃在系统功能阵营的学者一致认为,语言是社会活动的产物。语言之所以是语言,是因为它要发挥一定的功能。换句话说,社会需求决定了语言的结构。因此,韩礼德把研究重点放在了语法的功能部分,或者说他是用功能的配置(configuration)来解释语法结构。他认为语言的这些功能与分析文本(包括口头和书面的)密切相关,所以他把功能语法定义为一种"自然"语法,意思是在这种语法里所有现象可以得到解释。

通过对儿童语言发展的观察和研究,韩礼德区分了语言的不同功能。他发现幼儿在9个月前没有固定的表意模式。在6—9个月间,幼儿已经开始用较一致的表意方式(即用一个声音表达一个意义),但还不固定。例如,开始幼儿用一种声音来表示飞机的噪音,后来又改用另一种。他把此阶段称为"语前"(prelinguistic)阶段。从9个月到18个月间,是幼儿发展自己的意义系统的阶段。幼儿在这一阶段的语言系统只有两个层次:意义和表达,没有词汇语法层。系统中的每个成分都是由一个意义和一个声音组成的。在这个阶段,幼儿的声音并不是或者不完全是模仿成人语音的结果。幼儿表达的意义只能用语言的功能来说明,不能用词汇、语法来解释。幼儿语言有两个特点:系统性和功能性。例如,当幼儿发出 nananana 的声音时,其意义总是"我要……",这就是其语言的系统性;幼儿总是出于某种目的才发出某种声音,比如要别人为他做某事或仅仅为了自得其乐。这就说明,幼儿发声有其固有的功能。缺乏系统、没有功能的声音不属于需要研究的语言范畴。韩礼德认为,儿童语言发展的过程是逐渐掌握语言功能的过程。学语言就是学习如何表达各种意义。他总结了7种幼儿语言的功能:

(1) 工具(instrumental)功能:是幼儿用语言来满足其物质需要,获取物品和服务的功能。例如表示"我要那个东西"这样的语义。

(2) 控制(regulatory)功能:是幼儿用语言控制他人行为的功能。他意识到别人是用语言来控制他的行为的,因此他也要语言来控制别人的行为,如表示"给我点奶"等的意义。

(3) 互动(interactional)功能:是幼儿用语言与周围的人,特别是其父母以及别的对他重要的人进行交际的功能,如"你好"、"见到你很高兴"等。

(4) 个人(personal)功能:是幼儿用语言来表达自己的感情、兴趣、好恶等的功能,如"我很高兴","我不喜欢那个"等。

(5) 启发(heuristic)功能:是幼儿用语言探索周围的环境、认识世界的功能,如"那是什么?"

(6) 想象(imaginative)功能:是幼儿用语言来创造自己的环境的功能,如表达"他是不是要离开我了?"

(7) 告知(informative)功能:是幼儿用语言向别人提供信息的功能。如"我头疼","妈妈出去了"等。

从 16 个半月开始,幼儿语言开始向成人语言转化。在这个时期,幼儿开始运用成人语言中的词汇和语法。他们的语言功能也更为抽象和复杂。由于成人的语言更为复杂而且要完成很多功能,因此幼儿语言最初的功能范围逐渐缩小为一组高度字符化并且抽象的功能,即纯理功能:概念功能、人际功能、语篇功能。这些纯理功能以"语法"的形式出现在语言系统的新的层次上。语法系统有一个功能输入和结构输出;它提供了一个机制,可以按成人的需要使不同的功能组合在一句话里。

4.4.1 概念功能

概念功能指语言对人们在现实世界(包括内心世界)中的各种经历的表达。换言之,就是反映客观和主观世界中所发生的事,所涉及的人和物以及与之有关的时间、地点等因素。概念功能作为一种意义潜势是所有语言共有的。

概念功能主要由及物性系统(Transitivity)和语态(Voice)构成。及物性系统作为表示概念功能的一个语义系统,其作用在于把人们在现实世界中的所见所闻、所作所为分成若干种过程,并指明与各种过程有关的参与者(Participant)和环境成分(Circumstantial Elements)。例如,John built a new house 这句话可以按照功能的组合来分析:

动作者(Actor):John
过程(Process):物质过程(Material):创造(Creation):built
目标(Goal):受影响者(Affected):a new house

这里的动作者、过程、目标以及它们的子范畴反映了我们根据以往经验对现象的理解。因此,语言的这一功能就是用概念内容的形式把我们的经验编码。动作者、过程、目标等概念只有当我们假定概念功能是用来满足语言功能的某种理论时才有意义。如果我们要解释小句的结构,在分析过程中使用这些术语也是非常必要的。小句是一个结构单位,我们用它来表达概念意义的某个特定的范围,表达我们的经验过程,表达具体的或是抽象的外部世界,表达我们自身的意识、爱好、所见、所想以及所说等等。

及物性是表现概念功能的一个语义系统,其作用在于把人们的现实世界中的所见所闻、所作所为分成若干种过程,并指明与各种过程有关的参与者和环境成分。及物性系统包括六个不同的过程:物质过程、心理过程、关系过程、行为过程、言语过程和存在过程。

4.4.1.1 物质过程

物质过程是表示做某件事的过程。这个过程本身一般由动态动词(如 beat,break,kick)来表示,动作者(Actor,即逻辑上的主语)和动作的目标(Goal,即逻辑上的直接宾语)一般由名词或代词来表示。例如:

(1) My brother   broke   the vase.
    动作者   过程   目标

如果一个物质过程既有动作者又有目标,所在小句既可以是主动语态,如(1)。也可以是被动语态,例如:

(2) The vase   was broken   by my brother.
    目标   过程   动作者

物质过程不但可以表现具体动作,而且也可以反映抽象的行为,例如:

(3) The dean   cancelled   the department meeting.
    动作者   过程   目标

4.4.1.2 心理过程

心理过程分为三种,是分别表示感知(perception)、反应(reaction)、认知(cognition)等心理活动的过程。表示感觉的动词有 see,look 等;表示反应的动词有 like,please 等;表示认知的动词有 know,believe,convince 等。心理过程一般有两个参加者。一个是心理活动的主体即感觉者(Sensor),另一个是客体即被感知的现象(Phenomenon)。如:

(4) John   saw   the murderer.
    感觉者   过程   现象

(5) My sister   likes   the skirt.
    感觉者   过程   现象

(6) I   know   that she was absent.
    感觉者   过程   现象

心理过程中的"现象"可以指具体的人或物、抽象的东西以及发生的事件。有时候,"现象"也可能是某个由 that 引导的小句来表示的事实。如:

(7) John saw <u>the murderer coming out of the building.</u>

(8) John's wife likes <u>the birthday gift.</u>

(9) The hostess sensed <u>certain danger.</u>

(10) The neighbors heard <u>a loud cry from upstairs.</u>

(11) All of us know <u>the fact that her husband was killed.</u>

4.4.1.3 关系过程

关系过程指的是反映事物之间处于何种关系的过程。关系过程可以分为归属(Attributive)和识别(Identifying)两类。归属类指某个实体具有哪些属性,或者归于哪种类型。识别类指一个实体与另一个实体是统一的。这两种关系过程各自又可进一步分为内包式(Intensive)、环境式(Circumstantial)和所有式(Possessive)三种。如:

(12) E. E. Cummings is an American poet.（内包）

(13) The film lasted two hours.（环境:时间）

(14) The cat is on the mat.（环境:位置）

(15) This bike is John's.（所有）

(16) My brother has a new car.（所有）

所有这些形式有以下三个共同之处:(1) 它们都含有一个成分表示属性(Attribute),如上面例句中的 poet, two hours, on the mat, John's, a new car;(2) 都含有属性的载体(Carrier),如 E. E. Cummings, the film, the cat, this bike, my brother;(3) 都含有一个表示关系过程的动词,如 is, lasted, is, is, has。这三种成分是缺一不可的。

识别类关系过程包括一个识别者(Identifier)和一个被识别者(Identified)。例如:

(17) The man's name   is   William Sydney Porter.
       被识别者   过程   识别者

(18) Two times four	equals	eight.
被识别者	过程	识别者

韩礼德指出,在任何一个识别类小句中都有一个实体是标记(Token),一个实体是价值(Value)。标记指的是外表、符号、形式和名称;价值指的是实质、意义、职能和身份。标记和价值总是与识别者和被识别者结合在一起。例如:

(19) John	is	our monitor.
被识别者	过程	识别者
标记		价值
(20) The daughter	resembles	her mother.
被识别者	过程	识别者
标记		价值

韩礼德还指出,如果主语是标记,小句就以主动语态出现,如例(21);如果主语是价值,小句就以被动语态出现,如例(22):

(21) The daughter resembles her mother.

(22) The mother is resembled by the daughter.

把例(22)这样的小句分析为被动语态是不会引起任何异议的。① 但是,要把例(23)这样的小句也看做被动语态,有人会感到难以接受,因为传统语法是以动词形式来解说语态的,而 be 这个动词没有被动形式:

(23) Hamlet is Mr. Johnson.

＊ Hamlet is been by Mr. Johnson.

但是,从语义上说,Mr. Johnson is Hamlet 和 Mr. Johnson plays Hamlet 是对应的,因而都是主动的。同理,Hamlet is Mr. Johnson 和 Hamlet is played by Mr. Johnson 对应,都是被动的。

---

① 按乔姆斯基的说法,这种句子是不合格的。不过,韩礼德跟乔姆斯基谈的不是同一个问题。

4.4.1.4 行为过程

行为过程指诸如呼吸、咳嗽、叹息、做梦、哭笑等生理活动过程。常用的动词有 breathe，cough，sigh，dream，laugh，cry，watch，listen 等。行为过程一般只有一个参加者即行为者(Behaver)，而且行为者一般是人。

(24) The girl   laughed   heartily.
     行为者   过程   环境成分

(25) The old man   sighed   for the days of his youth.
     行为者   过程   环境成分

行为过程与物质过程和心理过程都有相似之处。例如，行为过程中的行为者和心理过程中的感觉者一样，一般都是有意识的实体。从过程本身来看，行为过程更偏向于物质过程。行为过程与只有一个参加者的物质过程有时是很难区分的，这时就要看某人的活动是否属于与生理有关的行为。行为过程也可以有两个参加者，这时，我们可以把它看做物质过程，如 Mary kissed John。

4.4.1.5 言语过程

言语过程是通过讲话交流信息的过程。常用的动词有 say，tell，talk，praise，boast，describe 等。在这种过程中，参加者有讲话者(Sayer)、受话者(Receiver)和讲话内容(Verbiage)。

"讲话者"不一定是人。试比较例(26)中的 We 和例(27)中的 My watch：

(26) We have told you a thousand times to keep quiet while we are working.

(27) My watch says that it is nine-thirty.

"受话者"也可以作为一个参加者出现，例如：

(28) He asked me to write my name.

(29) Tell him to leave a note.

"讲话内容"可能是把某个信息告诉受话者；也可能是要受话者做某事；可能是直接引语，也可能是间接引语；可能是一个小句，也可能是一个词组。例如：

(30) "Will you please remind me when time is up?" he asked.

(31) He asked me if I could spare him some minutes.

(32) He told me a pack of lies.

(33) He asked me a lot of questions.

4.4.1.6 存在过程

存在过程是表示有某物存在的过程。常用的动词是 be，exist，arise 等。所有存在过程都有一个存在物(Existent)。例如：

(34) There is a new office building at the end of the road.

(35) Does life exist on Mars?

(36) Along the street there comes the bus.

包含动词 be 的存在过程与关系过程很类似，但是存在过程通常包括一个明确的环境成分表示时间或位置(如上例所示)。通常情况下，世上任何一种现象(包括动作和事件)都可以用一个存在过程表达，例如 Is there going to be a storm? 和 There was another robbery in the street。从语义上看，存在过程 There was a robbery 和物质过程 A robbery took place 并没有什么区别。

有一种和天气有关的介于存在过程和物质过程之间的特殊的过程类型，被称作"气象学过程"(Meteorological Processes)，例如 It's raining 和 The wind is blowing。诸如此类天气现象有时候以存在过程的形式表达，如 There was a shower 和 There is a storm。有时候以物质过程的形式表达，如 The wind is blowing 和 The sun is shining。有时候还可以表达为关系过程，如 It's foggy 和 It's sunny。

4.4.1.7 过程类型小结

英语中的主要过程类型见下表：

Process type(过程类型)	Category meaning(意义)	Participants(参加者)
Material(物质)：	doing(做某事)	Actor(动作者)，Goal(目标)
Action(动作)	doing(做)	
Event(事件)	happening(发生)	
Mental(心理)：	sensing(感知)	Senser(感觉者)，Phenomenon(被感知的现象)
Perception(感觉)	seeing(看到)	
Affection(反应)	feeling(感觉到)	
Cognition(认知)	thinking(思考)	
Relational(关系)：	being(是)	Carrier(载体)，Attribute(属性)
Attribution(归属)	attributing(归于)	Identified(被识别者)，Identifier(识别者)；Token(标记)，Value(价值)
Identification(识别)	identifying(同于)	
Behavioral(行为)	behaving(做某种行为)	Behaver(行为者)
Verbal(言语)	saying(说)	Sayer(讲话者)，Target(受话目标)
Existential(存在)	existing(存在)	Existent(存在物)

除上表所列的各种参加者之外，在英语小句中还有其他参加者，它们可能出现在各种过程中。这些参加者大致可分为两类：受益者(Beneficiary)和范围(Range)。

受益者有两种。一种是领受他人之物的领受者(Recipient)，如例(37)中的 my sister：

(37) I gave <u>my sister</u> a birthday present.

另一种是服务的对象即委托者(Client)，如例(38)中的 John：

(38) He painted John a picture.

受益者不仅出现在物质过程中,如例(37)和(38),而且也出现在言语过程和关系过程中。在言语过程中,受益者即受话者(Receiver),如例(39)中的 Mary:

(39) John said to Mary.

在下面的归属类关系过程中,"受"者是 him:

(40) It cost him a little money.

我们要注意不能仅从字面上理解"受益者"这个术语。受益者并不一定受益,上例中的 him 只能说是"受者"。

"范围"指小句中具体说明某一过程涉及面的部分。它可以出现在物质过程(例 41)、行为过程(例 42)、心理过程(例 43)和言语过程(例 44)中。

(41) He rode his bike to work.

(42) The child wept copious tears.

(43) You can feel the pressure on your skull.

(44) She speaks Russian with her children.

4.4.2 人际功能

语言除了具有表达讲话者的经历和内心活动的功能之外,还具有表达讲话者的身份、地位、态度、动机和对事物的推断、参加社会活动、建立社会关系等功能。这一功能被称作"人际功能"。通过这一功能,讲话者使自己进入到某一个情景语境中,来表达自己的态度和推断,并试图影响别人的态度和行为。此功能还表示与情景有关的角色关系,包括交际角色关系,即讲话者或听话者在交际过程中所扮演的角色(如提问者与回答者等)之间的关系。

4.4.2.1 语气与剩余部分

人际功能由语气(Mood)和情态(Modality)两个语义系统体现。语气系统表明在某个情景语境中讲话者选择了何种交际角色。如果讲话者选择了祈使语气，这就意味着他将自己置于发号施令的地位，而将受话者置于服从命令的地位。

语气由主语（Subject）和限定部分（Finite element）两部分构成。主语可以由名词、名词短语或小句充当。例如：

(45) Those who wish to participate in the contest must put their names here.

(46) To argue with the captain is asking for trouble.

(47) Ignoring the problem will not make your work easier.

限定部分包括用来表示时态和情态的助动词和情态动词，属于动词短语的一部分。在上例中，must，is，will 都是限定部分。

剩余部分（Residue）指小句中其余的部分，包括三种功能成分：谓语（Predicator）、补语（Complement）、附属语（Adjunct）。英语中各成分的一般顺序是"谓语＾补语＾状语"。但是，当做状语或补语的成分是问句中的疑问词和陈述句中的有标记主位时，它们都可置于句首。这些部分仍然属于剩余部分。这样，剩余部分就被语气部分截为两段，如：

that teapot	the duke	has	given	to my aunt last year
补语	主语	限定成分	谓语	状语
剩余部分	语气		剩余部分	

4.4.2.2 情态与意态

人际功能的重要组成部分之一是讲话者对自己讲的命题的成功性和有效性所做的判断，或在命令中要求对方承担的义务，或在提议中要表达的个人意愿。这一部分由情态（Modality）系统来实现。

在命题（proposition）中，意义的归一性（polarity）表现为断言和否定。断言表示"这是"；否定表示"这不是"。但在两者之间有两种可能性：（1）不同量值的概率（如 possibly, probably, certainly）；（2）不同量值的频率（如 sometimes, usually, always）。狭义的情态，或称情态化（Modalization），只指这些不同量值的概率和频率。在英语中，概率和频率都可用三种方式来表达：（1）用动词词组中的限定性情态动词表达,如 will,can,must 等;(2)用表示概率或频率的情态副词表达,如 possibly,probably,sometimes,usually 等;(3)两者并用,如 That will probably be John 中的 will probably。

在提议(proposal)中,意义的归一性表现为规定和禁止。规定表示"做此事",禁止表示"不能做此事"。在此,也有两种可能性介于两者之间。哪一种起作用,取决于小句的言语功能是命令(command)还是提供(offer)。在命令句中,中介量值代表不同程度的义务(obligation)(如 allowed to, supposed to, required to);在提供句中,中介量值表示不同程度的意愿(如 willing to, anxious to, determined to)。这些不同量值的义务和意愿称为意态(Modulation)。广义的情态也包括意态。义务和意愿在英语中可用两种方式来表达:(1)用限定性情态动词来表达,如 You *should* know that 与 I will help them;(2)用谓语的延伸部分表达,如 You *are supposed to* know that 或 I *am anxious to* help them。

4.4.2.3 言语功能

韩礼德认为,尽管语言的言语角色千变万化,但它基本的任务只有两个:给予和求取。在人际交流中,交换物也可以分为两类:物品及服务(goods-&-services)、信息(information)。由此,言语角色和交换物的组合构成了四种主要的言语功能:提供、命令、陈述和提问,如下表:

交际角色 \ 交换物	提议 物品及服务	命题 信息
给予	提供 Would you like this teapot?	陈述 He's giving her the teapot.
求取	命令 Give me that teapot!	提问 What is he giving her?

将两种变项结合起来,除了可以界定以上四种基本的言语功能以外,还产生一套与之相匹配的反应:接受提供、执行命令、认可陈述、回答问题,见下表"言语功能及反应":

		起始	期待的反应	自由选择
给予	物品和服务	提供	接受	退回
求取	物品和服务	命令	执行	拒绝
给予	信息	陈述	认可	驳回
求取	信息	提问	回答	拒答

(摘自 Halliday, 1994:69)

其中,只有最后一列的反应必须要求做出实质上的语言反应;其他的可以是使用语言的,也可以是不用语言的。但在实际生活中,这四组反应一般都是语言性的,有的可伴有非语言行为。例如:

讲话者	听话者
Would you like that teapot?	Yes, I would. /No, I wouldn't.
Give me that teapot!	All right, I will. / No, I won't.
He's giving her the teapot.	Oh, is he? /Yes, he is. /No, he isn't.
What is he giving her?	A teapot. /I dont't know. /I shan't tell you.

4.4.3 语篇功能

语篇功能是语言中的机制,可以将任何一段口头或书面的话语组织成连贯统一的篇章。这种机制使实际的言语信息区别于一堆随机排列的句子。尽管两个句子在概念功能和人际功能方面可能完全相同,但就语篇连贯而言则可能有所不同。

语篇功能满足了语言在运用中的相关性的要求,使实际的情景语境具有语篇机制,这样的情景语境可以将实际的篇章同语法或者词典中孤立的条目区别开来。语篇功能将意义潜势融入语言组织结构之中。例如,我们可以比较下面两组句子:

(1) John saw a handbag in a field. John walked across a field and picked up a handbag. John took a handbag to a police station and John handed in a handbag as lost property. When John handed a handbag as lost property, John went home.

(2) John saw a handbag in a field. He walked across the field and picked up the handbag. He took the handbag to the police station and handed it in as lost property. When he had done this, he went home.

第二组读起来比第一组更像个统一连贯的篇章。这两组句子在概念功能和人际功能上基本一致,但在语篇功能上却有所区别。前一组忽略了某些成分的重复出现。后一组则使用定冠词代替那些已出现过的名词前面的不定冠词,并用 he 和 it 替换其他一些名词,用 do this 替换其中的短语。诸如此类的连接成分统称为语篇的衔接。

语篇功能还可以突出强调语篇的某些部分。例如,在 Authority I respect, but authoritarianism I deplore 这句话中,authority 和 authoritarianism 都得到强调突出。它们均作为补语出现,在两个例句中,补语均被置于主语和谓语之前,这个位置对于补语而言是不太多见的,于是读者的注意力就容易集中在这样的成分上。

韩礼德认为,句子是概念意义、人际意义和语篇意义同步体现的产物。

例 1

概念意义 物质过程 动作/被动	This house	was	built	by John Smith
	目标:受影响者	过程: 物质:动作		动作者:施事: 有生命的
人际意义 陈述	语气			剩余成分
	主语	限定成分	谓语	附加语
语篇意义 无标记主位	主位	述位		
	已知信息			新信息

例 2

概念意义 心理过程 （认知）	Such a tale	you	will never	believe
	现象：报告	感觉者	过程：心理：认知	
人际意义 陈述 否定	剩余成分	语气		剩余成分
	补语	主语	限定成分	谓语
语篇意义	主位	述位		
有标记主位	新信息	已知信息	新信息	

语言的社会功能这一概念是理解"语言作为系统"的思想之关键。语言的内部组织方式并非偶然：它体现了语言为服务于人类社会生活而不断演变。每一成分均承担了多个角色并体现在一个或多个结构中。成人语言的结构代表了功能意义潜势；但是，由于语言具有多种社会用途，当所有可供选择的语言选项分类归入几个较大的集合中，由讲话者从中选出某一具体的语言用法时，语法就形成了。这些语言选项的集合，可以根据经验在语法中辨识，它们与语言中一些高度概括的意义范畴相对应。这些范畴对体现语言的社会功能起着本质的作用，因此，它们实为"语言作为系统"这一思想的内在组成部分。

由于语言具有普遍的概念功能，因而可以用于所有涉及经验交流的具体目的和具体语境之中。由于语言具有普遍的人际功能，因此可以用于各种具体形式的个人表达和社会交际。而要使上述两种功能有效发挥作用的前提是语篇功能。在此前提之下，语言才成为语篇，同时语言也与其自身以及使用的语境相联系。倘若意义里没有语篇成分，那我们根本就不可能使用语言。

沿着这个思路进行解释，我们就需要涉及语言之外的一些关于社会意义的理论。从语言学家的角度来看，这一领域中最重要的工作是由伯恩斯坦（Bernstein）完成的，他关于文化传播和社会变革的理论在这方面是独一无二的。他认为语言作为社会过程中的一个基本因素建构于社会意义之中。

以上论述为功能语言观提供了一个考察背景。展现在我们面前的是语言的使用；我们关心的是人们如何使用语言和语言如何因使用而发生变化。在更深层次上讲，我们要关注语言的本质：如果我们使用一个相当抽象的术语来解释"语言使用"这个概念，我们就会发现它给了我们一个观察语言学习方式的视角。通过这一视角，我们将会观察到语言内部的组织方式，并思考语言为什么是语言。

4.5 韩礼德与社会语言学

到 20 世纪 70 年代，韩礼德已经完整地提出了系统功能语法的理论。此后，他将注意力转移到语言与社会学、符号学之间的关系上。韩礼德认为，有如下原因促使我们从功能的角度来研究语言：第一，语言研究应该揭示语言的使用方法；第二，语言研究应该建立语言使用的基本准则。由于语言在发挥其社会功能的过程中不断演变，因此社会功能自然也对语言本身产生影响。

4.5.1 语言与社会人

在儿童成长为社会人的过程中，语言起着至关重要的作用。语言是将生活方式传授给儿童的主要渠道。在各种社团里，或在家庭与社区里，他们使用语言并学会成为社会的一员，他们学习接受一种文化、思维方式、行为、信仰和价值观。这一切都不是通过教学获得的，至少在学龄前阶段不是这样；没人教给他们社团的组织准则，或者他们自己的信仰体系。其实，即使有人教这些，他们也很难弄明白。相反，他们通过亲身经历各种小事件，积累经验，指导并制约其行为，由此建立发展与周围人各种各样的社会关系。所有这些都是通过语言这一媒介来实现的。但是，儿童学习其母语文化的过程，在很大程度上并非依赖于课堂语言、法庭语言、伦理道德讲稿或社会学教科书。而日常生活中最普通的语言运用，如同胞兄妹、邻家孩子的交流，在家里、在街区、公园、商店里，或火车、公车上的交流，这些使他们掌握了社会最基本的特征，以及一个社会人的本质特点。

综上所述,学习母语的过程就是一个逐步掌握语言的多种基本功能的过程,也是建立起各种功能相应的意义潜势的过程。语言是一种将行为潜势编码为意义潜势的工具。这种功能主义的观点对语言学家大有裨益,因为它提供了一种视角,可以研究语言现状的成因。我们并没有先验的理由来解释人类语言的演变历程;我们的大脑也完全可以创制一套与目前的语言符号系统大相径庭的系统。但是如果考虑到我们需要语言为人类服务,则问题就涉及语言在所有人类文化中都必须发挥的一些功能。泛泛而论,语言必须具有如下三大功能:(1) 表达某些基本的逻辑关系,如:"和"、"或"和"如果",以及语言自身创造的功能,如:"即"、"能说"和"能表";(2) 体现说话者在会话情境中的参与,描述我们自己在情境中的角色,其他人相应的角色;我们的愿望和感觉、态度以及判断力;(3) 在表达上述意义的同时,将会话过程所述内容与先前所述内容相联系,也与"情景语境"相联系。

语言需要发挥上述功能,这些要求决定了语言的外形,也决定了语言的演变历程。这些功能融入语言的语义系统中,同时也构成了语法组织的基础,因为语法的任务就是将来自于这些不同功能的意义编码到话语结构中去。

如果我们把语言看做一种社会行为,就意味着将它当做行为潜势的一种形式,即说话人之能为(can do)。但是"能为"自身并非一个语言学概念。所以,在行为潜势转变为语言潜势的过程中,有一个中间环节,即说话人之能表(can mean)。意义潜势也由此作为词汇语法潜势在语言系统中体现,即说话者之能言(can say)。既然每个阶段都可以用系统选项的形式来表达,构建语言形式的选项有助于体现意义选项,而意义选项又可以体现用社会理论进行解释的行为选项。

意义的交换是一个交互的过程,语篇是交换的方式。为了在社会成员间交换构成社会系统的意义,这些意义必须采用某些可交换的符号形式来表示,最直接可行的形式是语言。意义通过语义系统进行编码,并表现为语篇的形式。

对意义的每一成分而言,都有情景因素来激活它。如果我们能确定是哪方面的情景语境产生制约语义选项,则可以知晓语篇与情景之间的关系。这样的情景类型包括:

(1) 社会行为：即，实际发生的事，且在社会系统中具有可认识的意义；这是在某些有序组合中的系列行为，在这些组合中，语篇起到一定作用。同时，主题（subject matter）也作为独特的一面。例如婚礼、讲座、足球赛等。

(2) 参与者及其关系：即具有社会意义的参与者关系链。既有参与者恒有的属性，也有与具体情景相关的角色关系，包括通过言语意义交流而形成的会话角色，如婚礼上的牧师、新郎和新娘。

(3) 语言的作用（语言交际的渠道或媒介）：情景中的语篇所具有的特定状态；其功能与社会行为和参与者角色结构相关，包括渠道或媒介以及修辞方式，如在公共场合发表演说、用电话聊天、写书信、发电子邮件等。

以上这些情景因素分别被称为语场（Field of discourse）、语旨（Mode of discourse）和语式（Tenor of discourse）。语言的环境或社会语境构成有意义的社会行为的语场，参与者及其关系构成语旨，语言交际渠道构成语式，三者共同构成了语篇的情景或情景语境。这样才有可能建立起一条管辖以上情景因素投射到语篇的方式的总原则。

每一情景因素都决定相应语义成分的选择。语场决定概念意义的选择，语旨决定人际意义的选择，语式决定语篇意义的选择。因此，

情景的符号结构	与	语义功能成分	相关
语场（社会行为的类型）	与	概念功能	相关
语旨（角色关系）	与	人际功能	相关
语式（语言交际的渠道或媒介）	与	语篇功能	相关

(Halliday，1978：143)

现在我们讨论这三组对应的关系。

4.5.2 语场

人们使用语言，总是期望言之成理。有目的的角色可能是技术性的或非技术性的。技术性角色与专业领域相关，例如：物理学教授在

课堂讲课,极有可能使用许多如光学、电磁学、热能动力学、速度等的术语;而一位语言学家讲课则会用到许多诸如音系学、形态学、句法学的术语。非技术性角色如寒暄语则有多种可能的语场,如天气、健康、时事等等。

概念系统的选择决定及物性的类型。活动的性质可以决定事物的种类(物体、人、事件等),质量、数量、时间、地点等;参与者进行何种社会承认的行为,而这些行为中语言交往都是有意义的,它们包括:

(1) 与语言无关的行为类型:语言在其中仅处于从属地位,各种如移动物体的简单劳动或简单体力游戏等的协同工作和游戏,如孩子的游戏、修建房屋、搬家等等;
(2) 语言起部分作用的行为类型:语言在这些行为中有必要但仍只具有辅助的功能;如一些需要用语言说明和报告的工作,涉及记分、出价、计划等的比赛项目;
(3) 仅由语言来定义的行为类型,如闲谈、研讨会、宗教话语以及属于文学领域的大多数作品。

在一场足球比赛中,社会行为即是比赛本身,各种指导说明或球员之间的其他言语交流则均为这一社会行为的一部分。在讨论足球比赛时,讨论则成为社会行为,参与者之间的言语交流则是这一社会行为的全部。由于讨论本身是一种由语言限定的社会行为,因此比赛构成了由讨论而产生的第二级(second order)语场。

4.5.3 语旨

不管是教学、劝戒、广告还是发指令,只要是谈及说话者/作者用语言行事这一问题时,都要首先涉及讲话者—受话者(addressor—addressee)之间的关系。这就是所谓的话语基调或语旨。语旨是描述语言在某一特定情景下的用途的范畴。例如,广告被定义为通过语言和视觉的方式试图进行劝说,而布道则是为了劝诫和讲授。情景中的角色关系决定了如语气系统、情态系统、人称系统等人际选项的选择。

一些话语范围通常与特定的语旨相关联,语旨也会随所用语式的变化而变化。典型的由语旨决定的语言是军事和政治性宣传活动,前者是居高临下的,后者是具有煽动性的。科技文本对于听话者关系而言是具有说明性的,且通常使用书面的形式。

由此,角色关系需要区分第一级和第二级。第一级的社会角色无需根据语言来定义,即使他们可以通过将语言作为某种形式的角色投射行为而得以体现;这一术语通常意义下的所有社会角色均属于第一级。一个典型的例子是,一位长者在年轻人面前的行为举止,或者上级在下级面前的行为举止。第二级的社会角色由语言系统定义:这些角色仅可通过语言而形成,如发问者、控告者、被告、质疑者、反驳者等。这些话语角色决定了语气系统中选项的选择。第一级与第二级角色之间具有系统化的关系模式。一个有趣的例子来自于课堂话语的研究。在师生关系中,教师角色一般结合着发问者的角色,而学生角色则同回答者角色相结合,而非相反——即使根据我们对教育的理解,学生也并非提问者。然而,教师提出的问题却不是为寻求信息,而是出于教学与检验的目的。

4.5.4 语式

语式是语言使用者与传播媒介之间关系的语言反映。语式有口头语和书面语之分。口头语可以分为自发的与非自发的。书面语也可以有口头形式或仅供阅读的形式。语言使用者不同的传播意图使实际运用中的语言有很大差异。专业性强的语篇通常具有内指的衔接性和文内的照应。这样的语篇具有书面语式的特征,并因此可以独立存在,如对文学语篇的理解就无需依赖于某一直接情景。另一方面,寒暄语或"闲话"的语场是口头语语式的典型。这类语场生成的语篇只有语言事件的直接参与者才能完全理解,因为他们具有共识,且经常使用语篇外的照应。

语篇系统的选项,有如主位、信息、语态;衔接形式的选项有如照应、替代与省略、连接等。这些选项的选择多由交流所采用的符号形式,尤其是情景中属于语篇的位置所决定。这包括媒介的区分(书面语或口头语),以及由此得到的从属变体;我们已经注意到形成语篇的资源的组织依赖于语篇的媒介。但是,依赖的方式还远不止于此,还涉及特别的符号功能或语篇在被讨论环境中所具有的一系列功能。例如当我们说某一语篇具有说明性、说教性、说服性或描写性,这些概念仅仅是符号功能。所有这些都属于第二级范畴,它们都根据语言来定义,且依赖于语篇中先前出现的现象。由此,语义系统中的语篇成分与概念和人际成分相比,具有一种能动功能(enabling function)。只有通过将符号交流编码为语篇,意义的概念成分和人际成分才能在环境中发挥作用。

4.5.5 语域与语类

情景的符号结构中的每个成分可以激活语义系统中与之对应的成分。他们在过程中创造了一个语义组合,即意义潜势与所论及的情景类型直接相关,而意义潜势中前景化的选项编排分组就成为了语义组合,也被称作语域(register)。它定义了某一场合下特定语篇的变体。

韩礼德和哈桑(Halliday & Hasan,1985:41)将语域定义为"语言功能的变体"。换言之,它是一种可以在一定的社会语境中理解的意义潜势。我们在某些社会语境下相应使用某些可以辨识的语言组合。任何语域都是由语场、语旨和语式组成。这三大领域截然不同,因为它们各自对应着一个纯理功能:语场主要决定所表达的经验意义;语旨主要决定人际意义;语式主要决定语篇意义。由此,语域则是一个必要的媒介概念,它使我们能建立起语篇与其社会符号环境之间的联系,因为社会成员都会选择与某一情景类型相联系的语义组合。

贝利(Berry)认为,语域是一个联系语言变体和社会语境变体的抽象概念。同时存在的语境范畴生成语篇变体。这些语篇变体分布于语场、语旨和语式连续体(continuum)的各个位置上。定位于语域范畴连续体同一位置上的语篇属于同一语域。语域作为以言行事的例子,可以用语音、词汇及语法标记和共核特征来定义和描述。语域也体现了语言的语义可能性。它定义了情景中能够表达的意义。它也受文化决定,因为一个社会文化决定了语言发生的语境。

语域反映了语篇所属情景中正在进行的活动,以及个人以前的经历。在一个新的情景中不感到尴尬,知道该表达什么,怎样表达,这些都很重要。多个语域的控制,以及语域间相互转换的能力暗含于良好的社会行为举止中。但是,对多个不同语域的控制是通过对不同情景中不同行为的要求而达到的。

语类仅仅是"语域＋目的"(Thompson,1996:36)。它包括交流者以言行何事以及怎样组织语言事件以达到目的,如报纸头条、广告、商务报告等都具有容易辨识的特点(不论是从词汇、语音还是句法上),这些特点明确地将它们标记归属为新闻语域、广告语域、商务语域等。

4.6 理论问题

当代语言学界有两大学术思潮:形式主义和功能主义。在三大层次(语义、词汇语法、语音)中,语法居中,连接上下两项。在系统功能语法中,语义位于最上层,但是在转换生成语法中,顺序正好相反。转换生成语法主要由一套有顺序的规则组成。这些规则可视为在讲话中应遵循的指令,即遵循这些指令,讲话人就能生成符合语法的句子。转换生成语法由三部分组成,短语结构规则部分、转换规则部分和词素音位规则部分。通过这些规则,我们就能生成合乎语法的句子。所以转换生成语法实质上讲还是形式的,其重点是语言形式。

转换生成语法通过一系列的规则把一套符号改写成另一套符号,以此得出合格(well-formed)的句子。如果从特定的初始符号 S 开始,通过反复应用规则,结果将得出目标句子。这样一种语法能成功地定义其他许多不同的句子,是因为人们在应用规则时有多种选择。但是,转换生成语法并没有特别关注这些选择,而是把这些选择点融入了语言描述之中。

在系统功能语法中,所有的系统都被命名,而且每个系统中的各个选项也被命名。一个系统中的所有选项之间存在着语义上的联系。这种语义上的联系通常不是命题意义或逻辑意义上的联系,这是因为它们是由句法结构的选择所决定的,而不是由词汇项的选择决定的。

在传统语法中,句子是最大的单位,但是在功能语法中,句子是最小的单位。在转换生成语法中,只有名词词组(NP)和动词词组(VP),

但功能语法区分了词组和短语两个概念,词组是词的扩展,短语是小句的压缩。从这两种理论的普及范围看,有些人认为韩礼德的理论更受欢迎,但是也有人认为乔姆斯基的理论更有影响力。支持韩礼德理论的语言学家和支持乔姆斯基理论的语言学家之间的对话也很少。

贝利(Berry,1975:23)指出,转换生成语法吸引了心理学家,系统功能语法与社会语言学家的关系更紧密。心理语言学家要求一种描写语言的理论,以便了解人类能够使用什么样的语言,而社会学家希望能够描写特定个体在特定环境下使用何种语言形式。另外,比起转换生成语法,系统功能语法与文学批评和语言教学联系更紧密。但是如果要用术语来描述一个作家的写作风格,或者区分出哪些语法项是儿童难以掌握的,这样就需要一种能够描写个体句子而非语言整体的理论了。

系统理论的目标是将句子按照一定原则进行描述性的分类,而生成理论描述语言而不是单个的句子。系统理论为语言学家提供了丰富的术语,从而使他们可以详细、具体地描述任何一个句子的特点以及与其他句子的不同之处。系统功能语法的倡导者们通常并不坚持他们的理论在目标的实现方面比转换生成语法更胜一筹,但是他们认为比起转换生成语法来,他们的理论与现实生活中使用语言的各种人群更为接近。这是伦敦学派传统中很重要也很值得称赞的一点,他们相信,不同的语言描述适用于不同的目的。

纽梅尔(Newmeyer,1998)从(1)句法自主性;(2)知识自主性;(3)语法自主性三方面区分了形式主义和功能主义的语言理论。形式主义者认为存在一个独立于语义和语用之外的句法体系,但是一些极端的功能主义者拒绝将句法看做自主的。功能主义者的观点是,语言在表意时的功能对语言的形式有很大的影响。因此,所有的句法形式都是由语义和语用因素衍生出来的。形式主义者严格区分语言能力和语言运用,认为即使说话者不使用语言,他也具有语言能力。但是系统功能语言学家却不重视二者的区别。形式主义者认为语法系统或者语言能力是人类认知系统中相对独立的子系统,但是功能主义者认为语言是根据整体认知系统的规律而运作的。

韩礼德的系统理论也有其自身的问题。第一,从生成等级树形图

(generative hierarchical tree diagrams)看，韩礼德的意思似乎是句子不但能用树形图表示，而且在这种树形图中，每个分枝从"根部"到"叶部"的节点数量都一样多。在生成语法中，这是错误的：一些语素直接或几乎直接被根节点统治，其他一些语素通过由直接节点和分枝构成的长链被管辖，这些节点和分枝代表着在这个过程中有许多规则被运用。第二，关于级的定义，韩礼德似乎提出了一种新的句法结构的普遍性，但是伦敦学派从总体上说对语言的普遍性并不感兴趣。第三，精密度阶是分析语言现象时达到的精确程度。韩礼德认为，从原则上说，语法的精确程度是没有止境的。比如说，他认为一部好的语法书不仅应该区分 car 和 shiny 之间的不同特征，而且应该区分 car 和 hovercraft，在更加精密的程度上 boy 和 girl 在句法上是有区别的。但是，赛福生认为在最精密的程度上，boy 和 girl 在句法上是完全等同的。尽管"The girl is pregrant"比"The boy is pregrant"出现的可能性大得多，这是因为人们很少说有违常理的话，而不是因为后一个句子不符合英语表达。赛福生指出，如果一部语法书不能精确地区分 car 和 hovercraft，那才应该说是个错误。一种正确的语法是完全精密的语法，它能从各个方面区分出所有句法功能不同的词，而这种完全精密的目标理应实现。另一方面，如果对 boy 和 girl 加以区分，并不是增加语法分析的精密度，而是把意义上讲不通和语法上讲不通混淆了。这就是一些系统理论家抛弃了级和精密度的概念的原因(Sampson，1980：233—234)。

系统语法遇到的另一个主要困难是方法论的问题：直觉似乎在系统分析中扮演着很重要的角色。乔姆斯基和他的追随者们依靠的就是直觉，但是生成语法能够在实际证据的基础上预测出说话者使用或者不使用的词语序列，某些结构是否表达同一范畴从而属于一个系统这个问题似乎是由直觉决定的。在这种情况下，系统语法不能被称之为科学或者它自视相关的社会学。尽管直觉在系统理论中是一个重大问题，但是生成学派的语言学家并不用这一点来攻击韩礼德的理论。所以，直觉的问题可能是语言学两大思潮共同的问题。韩礼德和乔姆斯基不仅研究的领域相同，他们还都参加了同一个学术机构——美国语言学协会。

这并不是说韩礼德的理论很完美。实际上没有完美的理论。并非只有韩礼德的理论无法解释意义的问题,这是因为人类总体上对语言的认识不够。系统功能语言学家不能做到的,其他学派的学者们也没有取得什么突破。

在韩礼德的影响下,系统功能学派的主要支持者有英国的贝利(M. Berry)、福塞特(R. Fawcett)、伯特勒(C. Bulter)以及特纳(G. W. Turner),澳大利亚的哈桑、马丁、麦西逊、奥图尔(M. O'Toole),加拿大的格莱戈里(M. Gregory)、班森(J. Benson)和格里弗斯(W. S. Greeves),美国的弗里斯(P. Fries)、曼恩(W. C. Mann)等,国内学者有胡壮麟、朱永生、张德禄、黄国文等。

近几十年来,一系列关于系统功能语法的专著先后出版,其中包括缪尔(J. Muir)的《现代英语语法流派》(*A Modern Approach to English Grammar*, 1972)、贝利(M. Berry)的《系统语言学引论》(*An Introduction to Systemic Linguistics*, 2 volumes, 1975 & 1977)、扬(D. J. Young)的《英语小句结构》(*The Structure of English Clause*, 1980)、胡壮麟的《语篇的衔接与连贯》(1994)等。有关系统功能语言学理论的出版物,参见 http://www.wagsoft.com/Systemics/Print/Books/。

这些研究系统功能的学者们提出了新的观点,发展并完善了韩礼德的理论。例如赫德逊(Hudson)由于不赞同系统功能语法描述语言的方式,研究了一种可以生成句子的语法理论。在他的《系统生成语法》(*Systemic Generative Grammar*, 1974)中,他提出了一个认知生成模型。在他的《词汇语法》(*Word Grammar*, 1980)一书中,他对韩礼德的一些观点提出了挑战。格莱戈里对语域和语言变体的理论很感兴趣,并为发展韩礼德的语域理论做出了很大贡献。艾里斯(J. Ellis)是韩礼德早期写作一篇关于汉语动词的时态范畴的论文时的合作者之一,在韩礼德的语域理论形成过程中有重要贡献。

20世纪70年代末80年代初,荷兰的狄克(S. Dik)发展了他的功能语法(Dik, 1978; 1980),凯(M. Kay)发展了他的功能统一性语法(Functional Unification Grammar)。马姆凯尔的《语言学百科全书》(Malmkjaer, 1991)中写道,狄克关于自然语言功能观的描述与韩礼德的理论只是在用词上不一样。狄克区分了三种功能:语义功能、句法功能和语用功能。韩礼德的假设是建立在语言对于某一社会团体中使用者具有一定功能,所以它在本质上首先属于社会语言学层面。狄克注重说话者的能力,当韩礼德没有区分语法能力和语用能力并将语法看做语言和语言使用者之间的语义潜势时,狄克将语法看做"交际能力"的语法成分理论,认为这种能力包括语法能力和语用能力。

第五章

美国描写与结构主义语言学

5.0 引 言

美国描写主义与结构主义语言学是共时语言学的一个分支,独立地诞生于20世纪初的美国,在人类学家鲍阿斯(Franz Boas,1858—1942)的领导下,形成了与欧洲传统完全不同的风格。事实上,鲍阿斯的研究传统影响了整个20世纪的美国语言学。

赵世开先生在他的《美国语言学简史》中,把美国语言学分为4个时期:(1)鲍阿斯和萨丕尔(Edward Sapir)时期(1911—1932);(2)布龙菲尔德(Leonard Bloomfield)时期(1933—1960);(3)哈里斯(Zellig Harris)时期(1961—1966);(4)乔姆斯基(Noam Chomsky)时期(1957—)。这4个时期都属于20世纪,并不是说20世纪以前美国没有语言学,只是因为从这时开始才真正形成了具有美国特点的语言学理论。

美国语言学家裘斯(Martin Joos)曾写到,"美国语言学"这个术语通常有两种主要意义:第一种是对本地语言的记录和分析;第二种是美国式的语言学思想。实际上,美国语言学包括的两种含义,是指它的描写方法和它的理论。"美国描写语言学"只能是美国语言学的一个部分。

美国的语言学,总的说来,有自己独特的历史和传统。它虽然跟欧洲和其他地区的语言学有某种程度的联系,但却根据本国的历史条件和文化特点走自己的道路。在早期,从本土印第安语的实际出发,不主张用别的语言的模式来描写本地的语言。

欧洲的语言学研究始于两千多年以前,而美国的语言学则始于19世纪后期。在欧洲,传统语法一直占据统治地位。而在美国,其影响却微乎其微。欧洲有众多的语言,并且都有自己悠久的历史和丰富的文化,而在美国,居统治地位的只有英语,而且也没有欧洲语言那样的传统。此外,在美国最早对语言学感兴趣的学者是人类学家,他们发现印第安人的土著语言没有任何文字记载,当一种土著语言的最后一个使用者死去,这种语言也就随之消亡。而且,这些语言种类之多,彼此差异之大,在世界上其他任何地区都是极为罕见的。有大约一千多种美洲印第安土著语,分别属于150多个不同语系。据说仅加利福尼亚一地的土著语就比整个欧洲的所有语言还要多。为了记录和描写这些奇特的语言,人们往往无暇顾及这些语言的普遍特性。因此,这一时期语言理论的发展远远不如对语言描写程序的讨论多。

由于面向具体语言的事实,美国语言学从一开始就沿着自己的道路向前发展。这样就形成了美国式的结构主义,即美国描写语言学。从20世纪50年代起,由于种种因素,美国的语言学中出现了一股新的潮流。它主张理性主义,反对经验主义。它重视语言的普遍现象,主张采用演绎法强调对语言现象做出解释,即唯理主义语言学。至今这样两种不同的思想还在激烈的冲突中。其中第一种思想以"美国描写语言学"为代表,第二种思想以"转换生成语法"为代表(见下章)。然而,与此同时,除了这两种语言学思想外,在美国还有其他一些语言学思想,与欧洲以及其他地区的学派都有所不同。

有人把19世纪以前的语言学称为"前科学时期",把19世纪以后的称为"科学时期"。对于这种分期有过不少争论。其实,所谓"科学"是不能超越当时的具体历史条件的。任何一门学科的发展都受同时代的哲学思想、科学技术和人文科学的水平的制约。凡是能反映当时学术思想的主要成就并合乎发展趋势的就具有时代的特征。从当时的角度来看,它就是"科学的",也是进步的。

5.1 美国语言学的序幕

惠特尼(William D. Whitney)1827年生于美国马萨诸塞州,1894年在康涅狄克州逝世。1842年,他才15岁就插班进入威廉斯学院的二年级,1845年毕业。1849年进入耶鲁大学,跟当时美国唯一的梵文教授萨里斯伯里(E. E. Salisbury)学习梵文,也是萨里斯伯里第一个学梵文的学生。1850年,惠特尼到德国柏林大学,主要跟魏伯(Albrecht Weber)学习。在此期间,他还听过葆扑(Franz Bopp,1791—1867)的课。1853年回国后到耶鲁大学教梵文、法语和德语;1869年任耶鲁大学比较语言学教授。

惠特尼在梵文研究方面很有贡献,也培养了一代美国的梵文学者。他的主要代表作是《梵文语法》(Sanskrit Grammar,1879)。在语言学理论方面,他的主要代表作是《语言和语言研究》(Language and the Study of Language,1867)和《语言的生命和成长》(The Life and Growth of Language,1875)。另外还写了《英语语法要点》(Essentials of English Grammar,1877)和《慕勒与语言科学》(Max Muller and the Science of Linguistics:A Criticism,1892)。

当时学术界把科学分为两大类,即自然科学(或物理科学)和人文科学(或历史科学)。惠特尼认为语言学属于人文科学。这跟当时欧洲某些学者的观点如施莱歇尔(August Schleicher,1821—1868)是不同的。

施莱歇尔认为语言学属于自然科学。惠特尼致力于使语言学成为一门独立自主的学科。他说,"一方面是物理学,另一方面是心理学,二者都力图占领语言学。但实际上,语言学既不属于物理学,也不属于心理学"(Whitney,1875:xxi)。他既反对把语言学归属于物理学,也反对把语言学归属于心理学,而是认为语言学应该制定自己独有的方法。所以他主张采用归纳法,主张语言学应该以经验的概括为基础,这种概括仅限于说明语言的现状和过去的状况。他反对毫无根据的假说和经不起推敲的演绎。在形态学的研究方面,他认为,把无限种类的实际事实加以分类和排列,并指出其活动的主要方面,在这些方面可以进行最有效的工作(Whitney,1875:144)。可见,惠特尼在语言描写方面已经鲜明地表现出经验主义的倾向,并且显示出以后美国语言学中以"分布"作为主要标准的观点。

在语言学中"心理主义"(mentalism)和"机械主义"(mechanism)或"物理主义"(physicalism)的两大阵营中,惠特尼站在心理主义的立场上。他强调人的意志的力量,认为语言产生于人类互通信息的愿望,信息交流的功能是语言的基本功能。

在语言的描写中,他只提到"结构",而没有提出"系统"。他把语言看成是词和句子的总和,在结构分析中,他把"位置"看成是形式差别的重要表现方式。他写道,"在 You love your enemies but your enemies hate you 这个句子里,主语和宾语的区别完全依靠位置,……"(Whitney,1875:221)。总的说来,惠特尼要求尊重语言事实。

惠特尼重视实际,面向语言事实并注重归纳法,在语言描写中强调对语言现象的分类和排列,显示了美国式语言学的早期特点。然而,也应当指出,惠特尼的这些观点还不系统,也不成熟。但总的来说,惠特尼为美国语言学揭开了序幕,被认为是第一代美国语言学家。

5.2 早期研究

5.2.1 鲍阿斯

鲍阿斯与众不同之处是,他是人类学家,没有受过任何正式的语言学训练。他在大学的专业是物理学,对地理也很感兴趣。在以后的工作中,他自学了语言学。这种专业技能欠缺实际上对他的研究工作反而有利无害。欧洲语言学家强调语言的普遍性,鲍阿斯则与之不同,他认为世界上根本不存在什么最理想的语言形式,人类语言是无穷无尽、千差万别的。尽管一些原始部落的语言形式似乎非常原始,但这一判断丝毫没有事实上的根据予以支持。对于原始部落成员来说,印欧语同样是原始的。鲍阿斯强烈反对那种视语言为种族之灵魂的观点。他证明,种族的进化和文化的发展与语言形式之间没有必然联系。由于历史变迁的原因,原来属于同一种族的人开始使用不同的语言,同一种语言也可以被不同种族的人使用,同一语系的语言使用也可以属于完全不同的文化。因此,语言只有结构上的差别,而没有发达与原始之分。

鲍阿斯是调查墨西哥以北众多美洲印第安土著语的发起人。1911年是美国语言学史上划时代的一年。这一年出版的美国学者集体编写的调查结果,即《美洲印第安语言手册》(Handbook of American Indian Languages)。鲍阿斯亲自撰写了其中若干章节,并且为全书写了重要的序言,总结了描写处理语言的研究方法。从他的学术背景可以看出,他不受任何传统语言学的束缚,在语言研究中不带任何框框和偏见。在对美洲印第安语的实地调查中,他发现了印欧语以外语言的科学价值。这篇序言在美国语言学的历史进程中吹响了号角,它号召人们摆脱传统语言学的概念和方法,标志着美国描写语言学的开始,也是语言研究新方向的起点。可以说,从这一年开始,美国语言学掀开了它的第一章——人类语言学时期。

鲍阿斯论述了描写语言学的框架。他认为这种描写包含三个部分:语言的语音;语言表达的语义范畴;表达语义的语法组合过程。他已经注意到每一种语言都有它自己的语音系统和语法系统。对于要研究的语言,语言学家的主要任务是去概括各种语言的特殊语法结构和分析各种语言的特殊语法范畴。他处理美洲印第安语语言数据的方法是分析性的,不采用跟英语或拉丁语等语言比较的方法。鲍阿斯从人类学的观点出发,把语言学看做人类学的一部分,故而没有把语言学确立为一门独立的学科。尽管如此,他的基本观点和考察、描写语言的方法,不但为美国描写语言学铺平了道路,而且影响了几代语言学家。鲍阿斯还训练了一批人去调查其他语言。多年来,美国语言学界的著名人物都直接或间接地尊鲍阿斯为师。

5.2.1.1 鲍阿斯的语言观

鲍阿斯的语言观全部反映在他为《美洲印第安语言手册》撰写的序言里。该序言共分五个部分:种族和语言、语言的特性、语言的分类、语言学和民族学、美洲印第安语的特点。

1. **种族和语言** 鲍阿斯首先论述了种族分类的问题。关于种族的科学分类可以根据生理构造、文化特点或语言加以区分。德国生理学和比较解剖学家布鲁门巴赫(Johann Blumenbach,1775—1840)根据生理构造和地理分布把人类分成了五种:高加索型、蒙古型、埃塞俄比亚型、美洲型和马来型。法国动物学家古维埃(Georges Cuvier,1769—1832)把人类分成了三种:白种、黄种和黑种。法国种族学家戈比努(Joseph-Arthur Gebineau,1816—1882)和德国人类学家克莱姆(Gustav Friedrich Klemm,1802—1867)曾根据文化上的成就把人类分成"积极种族"和"消极种族"。

鲍阿斯论述生理类型、语言和文化之间的关系时认为,这三者没有什么必然的联系。他列举了各种例子,例如美洲的黑人,其生理类型未变,而语言和文化改变了;欧洲的马格雅(Magyar)人则保持了原有的语言,但跟说印欧语的人种混杂了;新几内亚地区的人在语言上很不相同,但在文化上却有共同点。因此,鲍阿斯认为,根据这三个不同的标准划分出来的种族很不一样。可见,人类种族的划分是人为的。语言学、生物学和文化史的分类有助于种族的划分。

2. 语言的特性　鲍阿斯首先讨论了语音的性质。他指出,虽然语音的数目是无限的,但是实际上每种语言都只选择固定的和有限的语音。每种语言都有自己的语音系统。他批驳了所谓原始语言中缺乏语音阶区别性的说法,认为这实际上是调查者本人受自己熟悉的语音系统的影响。例如,美洲印第安语中的鲍尼语(Pawnee)中有一个音,有时候听起来像是/l/,有时候像/r/,或是/n/,或者/d/。这是因为它在词里的不同位置上受邻近的音的影响而改变。这个音在英语里没有,但它的变体并不比英语的/r/多。鲍阿斯认为,根据记音人所记的语音系统可以看出他本人的母语。实际上记音人往往受自己母语的影响。

关于言语的单位,鲍阿斯认为,"由于一切言语都是用来交流思想的,表达的自然单位是句子,也就是说,包含完整思想的一个语音群"(Boas,1911:21)。词是从句子里分析出来的。他给词下的定义是:"由于有固定的形式,明确的意义以及独立的语音,它是很容易从整个句子里分割出来的一个语音群"(Boas,1911:22)。可见,词是从句子里分析出来的。不过,鲍阿斯也认为这个定义带有某种任意性。因此,有时很难确定一群音究竟是独立的词还是词的一部分。特别是语音上很弱的成分,例如英语里表示复数、领属和动词第三人称单数的s,很难把它看成是一个词。这种情况在美洲印第安语里常常会遇到。为此,鲍阿斯又补充了一点,即句子里语音上固定的部分可以自由地出现在各种位置上,而且语音形式不改变,这也是确定词的一个条件(Boas,1911:23)。即使如此,要确定某个语音成分是一个词还是词的一部分,仍然存在着不少问题。总的说来,鲍阿斯十分强调词跟句子之间的关系。他的基本看法是先有句子,词是从句子里面分析出来的。作为词的一部分,鲍阿斯区分了词干(stem)和词缀(affix)。词缀是附加到词干上修饰它们的。可是,如果修饰成分太多(如美洲印第安语中的 Algonquian 语有很多修饰动词的成分),就很难说哪个是被修饰成分哪个是修饰成分。在这种情况下,鲍阿斯把它们看成是"并列成分"(co-ordinate)。

在语法范畴的论述中,鲍阿斯首先指出了不同的语言具有不同的范畴,表达概念的语音群的数目是有限的。由于概念多而语音少,如果所有的概念都用不同的语音表达,那么一方面语音群的数目会很大,而且也看不出概念之间的关系。因此人们把概念进行分类,并选择有限的语音来表达它们。由于经常使用,这些概念跟语音就建立了固定的联系。不同的语言在这方面是不同的,例如 water 的概念可以用不同形式表达,按性质是 liquid,按面积可以有 lake,按流量大小分 river 和 brook,还可以按其形式分成 rain,dew,wave,foam 等。这些概念在英语里都用单个词语表达,在其他语言中可能用一个词语的派生形式表达。

鲍阿斯认为描写语言的任务有三个:(1) 该语言的语音成分;(2) 用语音组(phonetic group)表达的一组概念;(3) 组合和修饰语音群的方法。他指出,研究过欧洲和西亚语言的语法学家制订了一套语法范畴,他们往往想在每一种语言里都去寻找这些范畴。但是,实际上这些范畴只在某些语系里是特有的,在其他语系里会有另一些范畴。如印欧语里的名词有性、数、格这样一些范畴,而这些范畴并非对所有的语言都是必要的;性并非一切语言的基本范畴;名词的分类可以是各种各样的。北美的阿尔贡金语把名词分为有生命和无生命的两种,而这跟自然属性无关,因为小的动物被列入无生命类而某些植物被列入有生命类。总的说来,在美洲印第安语里,名词的性是很少有的。为了表达清楚,单数和复数对名词来说似乎是必要的,实际上也并非如此,因为通过上下文或者修饰名词的形容词也可以表示,如印第安语中的克瓦丘特尔语(Kwakiutl)就是如此。因此,名词的一些语法范畴并不一定在所有的语言里都有。不同的语言还可能有一些新的语法范畴,如许多印第安语里的名词有时(tense)的范畴,用以表示现在、过去或将来存在的事物,如表示"未来的丈夫"、"过去的朋友"等。

代词分类的原则在各种语言里也不是一致的。我们习惯于把代词分成三种人称,其中还分单复数,第三人称还区分性(如阴性、阳性和中性),三种人称的复数都不区分性。但是,南非的霍登托语(Hottentot)里不仅第三人称区分性,第一、二人称也区分性。问题是,第一人称"我自己"不该有复数,怎么能有一个以上的"我自己"呢?这说明,不同语言在人称代词的区分以及它们的单复数的区分上并不一致。

指示代词的分类原则各个语言也不相同,例如,美洲的克瓦丘特尔语还区分"看得见的"和"看不见的",齐诺克语(Chinook)分现在和过去,爱斯基摩语(Eskimo)还根据说话人的位置区分七个方向:中、上、下、前、后、左、右。

在印欧语里有标示人称、时、式(mood)和态(voice)的表达,但在美洲印第安语里表现也不相同。如爱斯基摩语里动词本身没有时的标示,也就是说,它不通过语法形式来表示时的概念。此外,表达时的概念也有不同,有的语言表达"起始"、"延续"(表示动作时间的长短)和"转移"(表示由一种状态转变为另一种状态)。式和体也是各不相同。总之,并非所有语言的动词的语法范畴都一样。在这一部分的最后,鲍阿斯总结道:"根据以上所举的例子,我们的结论是,在讨论各语言的特点时,我们会发现不同的基本范畴,在比较不同的语言时,为了给每种语言以适当的位置,有必要既比较语音的特点,也比较词汇的特点,而且还要比较语法概念的特点。"(Boas,1911:35)

3. 语言的分类　首先,鲍阿斯认为,如果两种语言在语音、词汇和语法上十分相似,就可以认为它们有共同的来源。一种语言分化成几种方言是很自然的。同一来源的语言在不同地区会发生语音和词汇的变化，但从中还是可以找到某种规律，以此确定新的方言跟它们母语间的历史关系。在比较不同的语言时，我们会发现相邻地区的语言的语音很相似，但词汇和语法的形式不同。例如南非的班图语（Bantu）、布什曼语（Bushman）和霍登托语都有"咂音"（clicks），然而，它们之间在语法和词汇上都没有什么共同点。有的时候，我们会遇到语法相似但词汇却不同的情况，或者有很多词汇相似但语法上却不相同的情况。这就使我们难以确定这些语言是否有共同的来源。

语言间相互的影响更增加了语言分类的复杂性。语音的影响最为明显。没有共同来源的邻近语言之间可能在语音上相互模仿，或一种语言影响另一种语言。语法上也可能相互影响。例如，拉丁语曾对现代欧洲语言的语法产生过影响。此外，在欧洲语言里引入新的后缀也并不少见。如英语里引入了法语的后缀-able，它可以构成eatable，getable这类词。词汇中的借词更是常见的现象，而且有时数量很大。英语在这方面是个典型，它从诺曼人那儿吸收了很多词汇，还吸收了拉丁语、希腊语以及世界各地语言的词汇。澳大利亚英语和印度英语就吸收了很多本地语言里的词汇。此外，土耳其语从阿拉伯语中吸收了大量的词汇。美洲印第安语不大吸收借词。当一种新事物引入时，它们多数采用描写的办法，例如把"汽船"（steamboat）说成"背后有火，在水上活动"，把"米"（rice）说成"看起来像蛆"；但也有直接借入的，如 biscuit, coffee, tea 等。它们之所以用描写的办法，可能跟印第安语中描写性的名词比较普遍有关。

在语言分类中应该考虑两种不同的现象：（1）从同一个祖传的语言分化而成的差异；（2）某些相似的现象并非同一来源，其中有些是由于语言的混合（mixture）而形成的。鲍阿斯认为语言间的相似现象，可能出自一个来源，也可能是好几个不同来源。这需要历史的证据才能确定。鲍阿斯不同意完全用语言所处的地理环境的相同来解释语言间的相似现象。事实上，同处亚洲和南非的沙漠地带的语言，其语音并不相同。不同民族的文化也不能单纯用地理环境的影响来解释。历史的影响可能比地理的影响更大。至于语言间的相似现象，更不能只用地理和气候的影响来解释。生理的差别可能伴随心理的差别。但是,不同种族的生理差别并不是质的差异,而只不过是程度上的不同。不同生理类型的种族可以说同一种语言,这证明生理结构对语言的影响很小。可见心理的差别并不能用来说明不同语言的差别。

语言的相似现象并不能证明它们都有同一来源,而且语言间还可以相互影响;此外,一种语言可以有自己新的发展,这些都使得语言的谱系很难确定。在这种情况下,对美洲印第安语的分类只能暂时按共同点来划分。

4. **语言学和民族学**　这一部分主要论述语言调查在印第安民族学研究中的作用。鲍阿斯认为,在进行民族学调查时,最好能直接跟本地人谈话,通过翻译往往是不准确的。从实用的角度考虑,语言研究有助于民族学现象的调查和了解。接着,他论述了语言研究在理论上的重要性,并指出,语言是民族学现象中的一部分。通过语言研究可以了解人的心理现象。于是,他进一步阐明了语言和思维的关系。印第安语里一般没有脱离具体事物的抽象说法。例如,英语里 The eye is the organ of the sight,印第安人可能把这句话说成"某个人的眼睛是看东西的工具"。印第安语里缺乏表达脱离具体事物性质和状态的词语。这并不能说明他们的语言不能表达抽象性,而是在他们的生活中不需要这类表达;如果有需要,他们也能开发出这类词语。又例如,爱斯基摩人的数词不超过"10",这是因为他们没有很多东西要数。总之,这决定于是否需要。鲍阿斯曾在印第安人中作过试验,经过交谈发现,可以把"爱"和"怜悯"这类词从他们习惯用的具体的"某人对他的爱"和"我对你的怜悯"中抽象出来。此外,在某些印第安语中,如在苏恩语(Siouan)里,抽象的词语也是常见的。可见单就语言本身并不足以妨碍思维的抽象概括,而且语言本身也不能决定文化的发达程度。

5. **美洲印第安语的特点**　鲍阿斯在这一部分里指出,过去人们把世界上的语言分成了四大类:孤立语、粘着语、屈折语和多式综合语,美洲印第安语被列入多式综合语(或者叫做"合成语")。从这本《美洲印第安语言手册》所描述的语言可以看出,事实并非完全如此。

所谓多式综合语或合成语,是指在这种语言里,各种不同的成分合并成一个词的形式。然而在印第安语里,有很多语言并没有这种现象。例如,齐诺克语就很少用单个的词表达好些个复杂的概念。阿塔巴斯坎语(Athapascan)和特林吉特语(Tlingit)虽属多式综合语,却把代词性主语和宾语作为独立的单位。所以多式综合语或合成语并不能看成是所有美洲印第安语的特点。另一方面,美洲印第安语有另外一些常见的特点。例如,把动词分成主动(active)和中性(neutral)两类,其中之一跟名词的领属形式相连,而另一类才是真正的动词。

美洲印第安语言的语音系统很不完整,例如,伊洛魁语里没有一个真正的唇辅音,海达语(Haida)里唇音也很少。印第安语的元音系统也不一致。

许多印第安语的语法现象也很不一致。不过,在组词和造句时,附加成分用得很广泛。印第安语里有前加成分、后加成分和中插成分。其中后加成分比前加成分用得广泛,有的语言只用后加成分,没有一种语言只用前加成分的。词干的重复和音变现象也比较常见。

鲍阿斯最后指出,由于缺少历史文献,虽然印第安语也有类似印欧语的历史发展过程(即某些语法范畴消失了,又出现一些新的语法范畴,如主语和宾语的形式差别,代词的性的范畴),但目前无法说明这些范畴的历史演变。这种分析语法的方法只能说明现状,今后还应作彻底的分析和对各个语群的所有方言进行比较来补充。鲍阿斯根据分析的结果,把墨西哥以北的北美印第安语分成了55个语系。

5.2.1.2　鲍阿斯的贡献

鲍阿斯的学术道路是从物理学和地理学开始,再由地理学进入人类学。在人类学的研究中,他认为语言对于了解和描写一个社会的文化有着特别重要的作用,也可以说,语言对于了解文化的其他方面是一个关键。他不仅自己身体力行,而且还组织了一些人调查了墨西哥以北的北美印第安语言。由于他是自学语言学的,因此他不受任何其他传统观念的影响。面对一群陌生的语言,而且这些语言又没有历史的文献,这就迫使他必须从实际的语言事实出发,对语言结构进行共时的分析和描写。

《美洲印第安语言手册》是一部约有15种语言描写素材组成的集子,由鲍阿斯等人集体写成。而其中的"序言"已成了一篇经典著作,说明了美洲印第安语言的结构特征,并指出每一种语言都有它自己的语音、语义和语法的结构。根据实地调查发现，印欧语的语法范畴并不是普遍的。因此，鲍阿斯建立的原则是：描写一种语言只能根据它自己的结构，不能也不应该用其他的语言结构来套这种语言。对语言学家来说，研究每种语言的特殊结构，是分析者最重要的任务，描写本身才是目的。对于人类学家来说，这是了解某个社会的文化的第一步。鲍阿斯这篇"序言"的重要性在于它指明了描写语言学的道路，推动了语言共时描写的研究。可以说，它是美国描写语言学诞生的"宣言书"。作为美国描写语言学的先驱，鲍阿斯的这一贡献将永载史册。

当然，鲍阿斯在做出巨大贡献的同时，也有不足。第一，鲍阿斯从人类学研究出发，把语言学只看成是人类学的一部分。第二，鲍阿斯并没有建立一套新的完整的描写方法。他的贡献只在于推动了共时描写的研究。第三，鲍阿斯注意到了对不同的语言应该发掘其不同的现象和特征，有必要创立一些新的概念和方法。不过，如果没有鲍阿斯，也许就没有现在的美国语言学。

5.2.2 萨丕尔

萨丕尔与鲍阿斯一样，也是一位杰出的人类语言学家。

萨丕尔于1904年毕业于美国哥伦比亚大学(Columbia University)，主修的专业是日耳曼语。在见到鲍阿斯之前，萨丕尔很自信能够深刻理解语言的本质。同年在纽约遇见了比他年长26岁的鲍阿斯后，萨丕尔发觉自己似乎仍有很多东西需要学习。于是，他选用具有自身文化背景的当地发言人，开始着手按照鲍阿斯的方法去调查美洲印第安语，脚步踏遍了华盛顿州、俄勒冈州、加州、犹他州等地。对于萨丕尔来说，这是一段极为宝贵的经历，同时也是对试图把印欧语语法范畴套用于其他语言的传统实践的一次根本性的革命。

萨丕尔开始在美国西部工作，1910年到1925年在加拿大工作，担任渥太华的加拿大博物馆人类学部的主任。在此期间，他写了不少民歌，1925年出版了《法属加拿大的民歌》(*Folk Songs of French Canada*)。从1917到1931年间，他共发表了200多首诗，并写了一些有关艺术等方面的评论文章。1925年，他回到美国，在芝加哥大学任教;1931年到耶鲁大学任教,直至65岁逝世。

萨丕尔的全部心血凝结于1921年出版的《语言论:言语研究导论》(Language: An Introduction to the Study of Speech)一书中。这也是他撰写的唯一专著。萨丕尔从人类学的角度出发来描写语言的特点及其发展,其重点是类型学。这部书的目的是要"给语言学一个适当的展望而非堆积语言事实"。这本书很少述及言语的心理基础,对特殊的语言也仅仅给出充分的现实描写或历史事实来说明其基本原则,主要目的在于说明语言是什么;语言怎样随着时间和地点而变异;语言和人类所关心的其他根本问题之间的关系是什么,如思维问题、历史过程的本质、种族、文化、艺术。

萨丕尔的《语言论》涉及的内容非常广泛,详细论述了语言成分、语音、语言形式、语法过程、语法概念、结构分类以及历史演变等诸多问题。

1. **语言的定义** 在《引言》里,萨丕尔给语言下了个定义:"语言是纯粹人为的、非本能的,凭借自觉地制造出来的符号系统来传达观念、情绪和欲望的手段"。萨丕尔甚至将语言与行走相比较,说"行走是人的遗传的、生理的、本能的功能","是一种普遍的人类活动;人和人之间,行走的差别是有限的",并且这种差别是"不自主的,无目的的"。他指出,语言不同于行走,它是非本能的,是社会的习俗。语言作为一种符号系统,它的特性是一种特别的符号关系。一方面是一切可能的意识成分,另一方面是位于听觉、运动和其他大脑和神经线路上的某些特定成分。

关于语言和意义之间的关系,萨丕尔认为语言和意义的结合是一种并非必然但可能确实存在着的关系。萨丕尔也注意到了语言与思维的关系。他认为,尽管二者的联系如此紧密,但实际上并不相同。语言是工具,思维是产品;如果没有语言,思维是不可能实现的。

萨丕尔还注意到语言的普遍性。他说,人类的一切种族和部族,不论其多么野蛮或落后,都有自己的语言。除去形式上有所差别,各种语言的基本框架(即毫不含糊的语音系统、声音与意义的具体结合、表达各种关系的形式手段等等)都已发展得十分完善。语言是人类最古老的遗产,其他任何有关文化的方方面面都不可能早于语言。可以说,如果没有语言,就没有文化。

2. **语言的成分** 萨丕尔讨论了词根(radicals)、语法成分、词和句子。他用"词根"而没有用后来描写语言学常用的 morpheme 和 phoneme 等术语,因为他认为语言成分不仅具有区别功能,还应该有指示功能。语音必须与人的经验的某个成分或某些成分(如某个或某类视觉印象或对外物的某种关系的感觉)联系起来才构成语言的成分。这个经验成分就是一个语言单位的内容和"意义"。音义结合才是语言的形式。他给语言形式的基本成分下的定义是:词根和语法成分是单个孤立的概念在语言中相应的部分;词是从句子分解出来的、具有孤立"意义"的、最小的叫人完全满意的片断;句子是命题的语言表达。

萨丕尔用大写字母(如 A,B)代表词根,小写字母(如 a,b)代表附属的语法成分,用圆括号表示粘着成分,用加号(+)表示组合,用数字 0 表示零形式。他列举了五种形式类型:

A: 如诺特卡语里的 hamot(骨头)
(A)+(B): 如拉丁语的 hortus(花园)
A+B: 如英语的 fire engine
A+(0): 如英语的 sing(即不加附属成分-ing, -s 等)
A+(b): 如英语的 singing

3. **语音** 萨丕尔的重点不在于论述语音,他关心的不是语音的异同,而是语音的格局(phonetic pattern)。正因为如此,他后来发表了《语言的语音模式》(Sound patterns in language, 1925)一文。他用 AB 两个人说话中发/s/,/θ/和/ʃ/音的图表明,B 的/s/与/θ/不一样,但与 A 的/θ/很接近,B 的/ʃ/更接近 A 的/s/而不接近他的/ʃ/。根源是,尽管 AB 两人的语音系统有差别,但他们所使用的语音差别数量和区别性功能的数量是相等的。这种音差跟音乐上的音差一样,同一首歌可以在不同的琴键上弹。语音上的其他区别也应该是这个道理。因而,一个语言中的区别性特征,在另一个语言里并不起作用。英语 bat 与 bad 的元音之间的差别,德语里也有,如 *Schlaf*(睡眠)和 *schlaff*(松弛的)。

在语音的音位学说中,萨丕尔属于"心理派",他强调语音的心理基础。他认为,在一种语言独具的纯粹客观的、需要经过艰苦的语音分析才能得出的语音系统的背后,还有一个更有限制的、"内部的"或"理想的"系统。它也许同样地不会被一般人意识到是个系统,不过它远比第一个系统容易叫人意识到是一种模式、一个心理机制。

4. 语言的形式 萨丕尔很重视形式的结构和模式。他先讨论语言的形式手段,即语法过程(grammatical processes),区分了六种语法过程的类型:(1)词序(word order):在不同的语言里,词序的重要性是不同的。例如,拉丁语的词序只起修辞的作用,没有语法的功能,而英语和汉语的词序就很重要。如英语的 he is here 和 is he here? 就由于词序不同而形成不同的句型。(2)复合(composition):把两个或更多的词根成分合成一个词的过程。复合的整体意义跟组成它的成分的词的价值并不一致,如英语 typewriter 的意义跟 type 和 writer 加起来的价值并不相同。(3)附加(affixation):这在各种语言里是最常用的语法程序。附加法的三种类型(前加、后加和中加)里以后加最常见,如加利福尼亚州的一种印第安语雅纳语(Yana)里甚至有几百种后加成分。(4)变换(modification):指词根或语法成分内部分元音和辅音的变换。元音变换如英语的 goose 和 geese;辅音变换如英语 house (n.)和 house (v.)(前者发 s 音/haus/,后者发 z 音/hauz/)。(5)重叠(reduplication):指词根成分的全部或部分的重复,如英语的 goody-goody,riff-raff,roly-poly。一般用来表示复数、重复、习惯的行为、持续性等。(6)重音的变异(variation in accent):这种变异包括音重和音高。例如 refund (n.)和 refund (v.)的差别就在于名词的重音在第一个音节上/ˈriːfʌnd/,动词的重音在第二个音节上/riˈfʌnd/。

在第 5 章里,萨丕尔对语言形式所表达的各种概念作了分类。他以 The farmer kills the duckling 为例,在这个只有五个词的句子里表达了 13 种不同的概念:

Ⅰ.具体概念:

　　A. 词根概念

　　　　1. 动词:(to) farm

     2. 名词:duck
     3. 动词:kill
  B. 派生概念
     1. 施事的:用后缀-er表达
     2. 指小的:用后缀-ling表达
Ⅱ. 关系概念:
指称:
     1. 用第一个the确定话语的第一个主题
     2. 用第二个the确定话语的第二个主题
语气:
     3. 陈述:用"主语"加动词的序列表达,并用后缀-s暗示
施受关系:
     4. farmer的主语性:用farmer的位置在kills前面来表达,以及用后缀-s
     5. duckling的宾语性:用duckling的位置在kills后面来表达
数:
     6. 话语里第一主题的单数:用farmer不带复数后缀、后面的动词加后缀-s来表达
     7. 话语里第二主题的单数:用duckling不带复数后缀来表达
时间:
     8. 现在时:用动词不带过去时后缀并加后缀-s来表达。

根据以上分析,这句话表达了五个具体概念,八个关系概念。总起来说,总共有四类概念:

  Ⅰ. 基本概念 ⎫
  Ⅱ. 派生概念 ⎭ 物质内容
  Ⅲ. 具体关系概念 ⎫
  Ⅳ. 纯关系概念 ⎭ 关系

其中Ⅰ和Ⅳ是各种语言都有的,Ⅰ是独立的词或词根,代表事物、

动作或性质,Ⅳ通常也是独立的词如介词;Ⅱ和Ⅲ往往用语法手段表示,Ⅱ和Ⅲ是根据词根和句子关系以及抽象程度区分的。这四种分类并不是绝对的。萨丕尔说,我们的概念表格是一个活动标尺,不是对经验的哲学分析,所以我们不能预先决定某个概念该放在什么地方。对一般读者来说,能感觉到语言是向着表达形式的两个极端——物质内容和关系——拓展的,而这两极又是用一长串过渡性概念连接起来的。

5. 语言结构的类型　萨丕尔对语言类型学的研究有相当大的贡献。这本书的很多部分都在讨论语言结构类型的分类,结构类型的演变及其原因等问题。这也反映了萨丕尔的学术背景和研究宗旨。

萨丕尔主要根据所表达的概念类型,并参照形式表达的手段以及词根和附加成分的融合程度,将语言分成了以下 4 种类型:

A 类:表达Ⅰ类和Ⅳ类概念的语言,不用附加词缀或内部变换来改变词根的意义,即"简单纯关系语言"(如汉语、现代藏语);

B 类:表达Ⅰ、Ⅱ、Ⅳ类概念的语言,用附加词缀或内部变换来改变词根的意义,即"复杂纯关系语言"(如波利尼西亚语、柬埔寨语、土耳其语等);

C 类:表达Ⅰ、Ⅲ类概念的语言,句法关系的表达是混合的(如表达"主格"同时也涉及"数"和"性"),但不用附加词缀或内部变换来改变词根的意义,即"简单混合关系语言"(如班图语、法语等);

D 类:表达Ⅰ、Ⅱ、Ⅲ类概念的语言,也用混合形式表达句法关系,但也用附加词组和内部变换来改变词根的意义,即"复杂混合关系语言"(如英语、拉丁语、希腊语等)。

这一分类并没有考虑到语言的外部因素,只回答了把概念翻译成语言符号的两个问题:(1)语言到底保持词根的基本概念不变呢(如 A 类和 C 类)还是要靠词缀建立新的概念(如 B 类和 D 类)?(2)语言保持基本句法关系单纯呢(如 A 类和 B 类)还是要与其他概念混杂(如 C 类和 D 类)?由于萨丕尔认为第二个问题更重要,所以才把这一分类简化为：

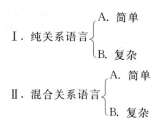

萨丕尔的分类并没有彻底解决问题，仍然存在相对性和难以确定类别的语言。例如，法语应属 C 类还是 D 类，就不容易确定。他自己也清楚，这个分类太泛，无法描述人类语言的多样化。这四大类还可以根据词缀变化的主要方式再次分类为粘着语、溶合语(fusional)、象征语(symbolic)①。词根完全不变的可归为孤立语。然后，再加上词根变化的复杂程度，又可分为分析语、综合语和多式综合语。不过，萨丕尔对类型学的贡献在于，他指出了历史主义类型学的缺点，详细分析了词根变化类型，发现了关系概念的使用对区分语言类型的作用。

6. **语言演变**　萨丕尔把语言的演变看做一种"沿流"(drift)。语言的沿流有一个总的方向，他叫做"坡度"(slope)。其中很重要的一点是类推作用。英语里一般疑问句往往用 who, what, where 打头，也出现 Who did you see? 而不说 Whom did you see? 虽然后一句更合乎语法。这里暗含着英语里特殊的和一般的"沿流"。他通过英语的 foot 和 feet 的音变历史指出，语音变化至少是由三股基本势力造成的：(1)一个有定向的总沿流；(2)一个重新调整的趋势；(3)一种保护性趋势。但要分析出这三股势力不是都能做到的。

萨丕尔还论述了引起语言变化的原因之一——语言接触(language contact)。他举了不少语言之间在语音和形态上相互影响的例子，但认为借用必然要符合语言的沿流。对于这个问题，他的观点是：语言也许是最封闭、最顽抗的社会现象。要瓦解它本身的形式，比灭绝它还难。

7. **语言、种族和文化**　这个问题一直是人类学家所关心的问题，

---

① 指在 drink, drank, drunk 之类的变化与象征之间，有某种心理上的联系。

萨丕尔作为一个从人类学角度研究语言的学者自然会对这一问题感兴趣。他的基本观点是:种族、语言和文化分布不平行,语言和文化的历史不能直接用种族来解释。他举了很多例子说明一种语言怎样和种族、文化的界限互相交错。例如英语就不是一个统一的种族说的语言。英国和美国有共同的语言,这并不能作为有共同文化的证据。总之,语言形式跟种族和文化都没有必然的联系。不过,语言的内容跟文化是有密切关系的。特别是语言的词汇多多少少忠实地反映出它为之服务的文化。但是,萨丕尔还是提醒我们:不可错把语言和它的词汇混为一谈。

萨丕尔丰富的语言知识给人们留下了极为深刻的印象。《语言论》一书中引用的语言多达60种以上,几乎遍及全球各地。特别是书中提供的美洲印第安语的事实更是使人大开眼界。萨丕尔尊重语言事实的精神是他留给以后美国描写语言学的遗产之一。此外,萨丕尔在全书中始终强调心理的模式,这反映了他对语言本质的看法和立场。他认为语言的发展有它自己的"沿流"。萨丕尔继承了鲍阿斯的观点,要求人们重视对具体语言进行描写的必要性,不过他并没有提出完整的分析方法和程序。

5.2.3 萨丕尔—沃尔夫假说

萨丕尔关于语言的理论及其思想后来被他的学生沃尔夫(Benjiamin Whorf,1897—1941)继续发展,后来成为著名的"萨丕尔—沃尔夫假说"(Sapir-Whorf Hypothesis)。

这个假说主要是沃尔夫的学说,其思想来自萨丕尔,因此被人称作"萨丕尔—沃尔夫假说"。萨丕尔的思想是有变化的。他在1921年的《语言论》里还认为语言间的不同只是表达方式的不同,并不是经验本身的不同。他在1929年发表的论文《语言学作为科学的地位》(The status of linguistics as a science)中改变了观点,认为现实世界在很大程度上是不自觉地建立在人们的语言习惯上的;语言不仅指示经验,而且规定经验,沃尔夫正是从这一思想出发提出了他的理论。

萨丕尔—沃尔夫假说的核心是人的语言影响了人对现实的感知。我们看到的世界是语言所描述的世界,因此我们生活在其中的世界是一个语言结构。有多少种语言,就有多少种分析世界的方法。也就是说,世界上的语言不同,各民族对世界的分析和看法也不同。

自从古希腊时代至今,语言与文化、种族、思维的关系一直困扰着哲学家、心理学家、人类学家和语言学家。古希腊人认为,语言是思维的外表。但是萨丕尔和沃尔夫对这一看法提出了挑战。沃尔夫在大学是学化工的;毕业后一直在康涅狄克州的一家保险公司任职。语言学对他来说是一种业余的爱好。在分析失火的报告中,他发现语言起着很大的作用。例如,人们走近"盛满汽油的油桶"时十分小心,但走近"空油桶"时却非常大意,殊不知"空"油桶内含有易引起爆炸的汽油的气体,它比盛满汽油的油桶更加危险。这件事加深了他对语言影响世界观的信念。萨丕尔于1931年到耶鲁大学工作,该校离沃尔夫的工作地点哈特福德(Hartford)仅30多英里,沃尔夫成了萨丕尔的合作者,并开始集中力量研究在亚利桑那州(Arizona)的美洲印第安语河皮语(Hopi)。

萨丕尔—沃尔夫假说的两个主要组成部分是:语言决定论和语言相对论。第一个观点坚持,语言决定思维;第二个观点坚持,语言的结构多样化是无止境的。典型的说法是,如果亚里士多德讲汉语的话,他的逻辑肯定是另一个样。

1. 语言决定论

语言决定论即人的思维完全受自己的母语影响,因为人只能通过自己语言中的范畴和区别特征来认识世界。萨丕尔说,人不是孤立地生活在世界上的,也不是孤立地生活在一般意义上的具有社会活动的世界里,而是受他们所处的社会中作为表达媒介的特定语言的影响。这个"真实的世界"在很大程度上是建立在这一群体的语言习惯之上的。不会有两种表达同一社会现实的语言。不同的社会所处的世界是完全不同的世界,并不仅仅是带着不同标记的同一个世界。语言不仅仅指称独立于语言而获得的经验,而是实际上决定着我们的经验。

沃尔夫的证据主要来自河皮语与英语的对比。他说,在英语和其他印欧语言里,词汇分为两大范畴:名词和动词。这一区别会让讲英语的人感到，世界也分为两种范畴：动作和物体。因此他们把抽象的和没有形状的东西也当做物体。例如，时间是一个连续体，但讲英语的人把它当做可以分段和可以用数字来计算的东西，所以才有"两天"和"三个月"等的说法。但在河皮语里，他们不说"三天"而说"第三个白昼"；他们不说"七天比六天多"，而说"第七天比第六天晚"。

萨丕尔一沃尔夫的语言决定论受到过强烈的质疑。第一种批评意见是，沃尔夫的观点是循环性的。如果两个东西之间建立起一种关联，应该有各自的独立性，要判定其中一个就不需要取决于另一个。河皮语的时间概念与英语不同，正是由于其表达概念的方式不同。这就从根本上瓦解了沃尔夫的概念差别取决于语言差异的论断，因为从这个角度看，也会有人提出另一个论断，即所谓的语言差异实际上是由于概念差异形成的。最令人信服的方法是找到语言以外的证据，但沃尔夫未能找到。第二条批评意见是有关翻译的问题。沃尔夫一遍遍地以"计算日期"的方法为例来说明讲河皮语与英语的人在对待时间上的不同，但这仅仅是字面翻译中的一个大问题。过分重视字面翻译的话，就会在别的语言中发现一些差异，而这些差异实际上并不真正存在。如果把英语的 He is really something 按字面翻译，就成了"他确实是一个东西"；把汉语的"他不是个东西"按字面译成英语 He is not an object 或 He is not something，就令人不知所云。这就说明，意义上的翻译并不一定反映思维结构。重要的是，在字面翻译中，人实际上如何思考与如何表达，两者之间的确有差异。这是研究语言相对论中需要解决的第二个方法论问题。

2. 语言相对论

萨丕尔一沃尔夫假设中语言相对论的关键是，一种语言系统里的范畴和区别特征对这一语言系统来说是独特的，与其他系统不相容。沃尔夫说，语言系统（语法）是人类背景知识的一部分，这种背景被人当做自然而然的东西，因此也从来没有意识到它的存在。只有当发生了不正常的事情时，人才意识到这种背景现象。这种背景性的语言系统不仅仅是一个表达思想的重复性的工具，而是限制着人的思维的东西，引导人的心理活动。形成思想的过程并不是独立的，而是一种独特的语法，在不同程度上因语言不同而不同。人们并不是用语言来表达已经存在的东西,而是用自己的母语所提供的框架来切分并组织自然世界。在这个过程中有一个共同的认可为基础,离开这个基础,人类就无法谈话也无法相互理解。这一事实对科学尤其重要,因为没有人能不受某种解释手段的影响而客观地描述自然,不论他自己认为自己多么"客观"和不受干扰。实际上,真正能说自己最接近独立和客观的是懂得很多不同类型语言的语言学家,但谁也做不到。因此,又有一个新的相对论:除非世界上的观察者具有同样的语言学背景,否则他们不可能用同样的方法在同一个对象中获得同样的数据。

沃尔夫说,讲一种语言的人经验的感知事件可能与站在旁边讲另一种语言的人感受到的完全不同。人们看到彩虹时,大多数讲英语的人看到了红色、橙色、黄色、绿色、蓝色、紫色。但沃尔夫说,人们看到的颜色来自他们语言中颜色命名的影响。有些语言并不是把颜色分成同样数量的基本色。有的语言不能区分绿色和蓝色,讲这种语言的人描述彩虹的方法就跟讲英语的人所描述的不同。在河皮语里,祈雨的人把云当做活着的东西。沃尔夫指出,单从这一个例子中难以说明这个用法属于隐喻,是特别的宗教性修辞手法,还是讲河皮语的人真的相信云是活着的东西。

萨丕尔和沃尔夫认为,语言给人的影响要比人给语言的影响大。用最简单的话来说,就是,除非事物的区别用语言手段表示出来,否则我们没法做出区分。但这个说法也缺少根据,因为河皮语中的"昆虫"、"飞机"、"飞行员"是同一个词,但并不说明讲河皮语的人没法区分这些不同的东西。

围绕这一争论,有两个问题。第一个问题是,语言在多大程度上塑造和影响思维与文化? 当我们使用一种语言时,就接受了其中蕴含的前提及所反映的文化价值。有些前提概念受到质疑并被新的思想概念取代,这些新的概念会成为后代人所接受的常识,直到有一天被更新的思想概念取代。一个社团的语言和该社团中的个人之思想就是这么相互影响的。个人对语言的影响也许更重要,因为语言对个人的影响是消极的,只能被解释为个人未能仔细观察所有的概念。第二个问题是,语言模式和文化规范,应该把哪一个当做主要根源? 社会学家做了很多实验,试图发现语言结构在多大程度上影响人对世界的感知。对同一个物体和现象,不同语言有不同的描述,这就说明一个事实,使用一种不同的语言,使用语言的人就使用了一整套不同的社会价值观念并且在经受着一个不同文化的影响。尽管语言对人类思维会产生一定的塑造和限制的效果,这是毫无疑问的,但人在使用语言时的创造性作用却不能忽视。

为什么有些概念很受到人的注意而有些概念不大受到人的注意?为什么语言在描述很明显的对象时会产生很大的差异?沃尔夫并不关心这些问题。他为了说明自己语言相对论所举的词汇例子仅仅解释了一个很简单也很熟悉的原理:不同的文化特征,不论是环境的、物质的,还是社会的,都会产生不同的语言特征。文化特征不仅因言语团体不同而不同,而且会在同一言语团体内发生变化。一个文化中有了新的需要,其语言就会立即做出反应,造出新词或借用外来词,或者给已有的词汇添加新的意义。

萨丕尔—沃尔夫假设也不符合人的直觉。如果语言决定思维的话,没有语言就没有思维。如果讲不同语言的人之间的差异没有任何制约的话,他们就不可能按照相似的方式看同一个世界。同样,如果我们能找到一种限制人们学习语言的方法,那就能控制他们的思维。如果语言决定思维,讲不同语言的人就永远没有可能相互理解。但事实是,讲不同语言的人不但可以相互理解,而且同一语言框架也可以产生完全不同的世界观。

现在人们的广泛认识是,语言与文化的关系是辩证的。每一个语言都是文化的一部分,其功能是为文化服务并反映着文化的需要。一个言语社团的文化需要与其语言资源不可能完全一致。因此,语言决定论和文化决定论都不能准确地解释为什么一种语言会选择自己独特的符号系统。不过,萨丕尔—沃尔夫假设让人们进一步认识语言与思维、语言与文化的关系,把人们的注意力引向文化对语言的影响以及语言对思维的影响。这一假设对人类学、社会学、语言学、语言教学等领域都有深远的影响。

萨丕尔在 1929 年以后对于语言的本质以及语言跟心理学和社会的关系等观点,散见于一些论文之中,其中的一些已汇集成册——《萨丕尔论语言、文化和个性选集》(*Selected Writings of Edward*

Sapir in Language, Culture, and Personality, 1949)。萨丕尔强调语言模式的心理基础,这使得他的学说在行为主义盛行的时期一度受到人们的冷落,但是一旦语言的心理现象受到重视时,人们自然又会想到他。萨丕尔没有能在语言分析和描写方面建立一套完整的科学的术语和方法,但从美国人类语言学的整个发展时期来看,他的独特贡献是无人能比得上的。

有人把萨丕尔比作美国语言学中的莱伯尼兹(Leipniz)。这意思是说,美国语言学的发展从他开始是一个转折点。在他以前(也包括他自己),美国语言学是以人类语言学为主,从此以后,美国语言学进入了以描写语言学为主的历史时期。

5.3 布龙菲尔德时期

布龙菲尔德(1887—1949)是美国描写语言学史上的标志性人物,因此,1933 年至 1950 年这段时间被称作"布龙菲尔德时代"(Bloomfieldian Age)。也正是在这个时期,美国描写语言学开始正式形成并迎来了它的发展阶段。

布龙菲尔德生于伊利诺伊州芝加哥市。1906 年毕业于哈佛学院(Harvard College),1908 年至 1909 年在芝加哥大学听课并撰写博士论文。此后在德国莱比锡和格廷根大学与著名的新语法学家布鲁格曼(Karl Brugmann)和列斯金(August Leskien)共同搞研究。他在美国中西部不同大学多年任教期间主要教授日耳曼语文学。他熟悉历史比较语言学,尽管从他的学术生涯中可以看出,他是个讲授日耳曼文学的印欧语学者,而且是共时描写语言学大师;他不但对普通语言学做出了理论贡献,而且他的外语教学理念也很有影响。

布龙菲尔德的主要贡献是从哲学理念出发把语言学建设成一门科学。他是 1924 年建立的美国语言学协会(Linguistic Society of America)主创人之一,并为该协会会刊《语言》(Language)创刊号写了第一篇文章《为什么要成立语言学协会?》(Why a linguistic society?)。他是结构主义语言学的奠基人并且培养了包括哈里斯(Zellig Harris)、布洛赫(Bernard Bloch)、特里格(G. Trager)、霍凯特

(C. Hockett)等在内的一代语言学家。虽然布龙菲尔德的具体工作是促进了语言学分析的描写主义传统并成为美国语言学协会的主要活动家,但他自己的理论工作没有太多的创新。严格地说,布龙菲尔德在新语法学家和索绪尔的影响下发展了鲍阿斯的语言学思想。唯一不同的是,他在当时流行的行为主义心理学影响下试图用"刺激—反应"论来解释言语的产生和理解。

布龙菲尔德的《语言论》(*Language*,1933)在20世纪曾被大西洋两岸同时奉为科学的方法论之典范以及语言学方面最伟大的著作。这本书是在他1914年写的教材《语言研究引论》(*Introduction to the Study of Language*)基础上修订扩充而成的,共28章。

在第一部分,主要讨论了4个内容:(1)行为主义的语言观;(2)言语社团的问题;(3)类型学的音系特征;(4)语法单位。

1. 行为主义 行为主义(behaviorism)是一种科学研究方法,其理论基础是,人类无法认识他们从未经历过的事情,只有不同的人都能够观察到的东西才能有效地确认或反驳一项科学理论,而不是用人的内省(introspections)或直觉(intuitions)。由于内省是个人行为,如果一个人建立在内省之上的理论与另一个人的理论相冲突,就无法解决这个争端。因此心理学家才把行为主义的方法当做他们学科中唯一有效的基础和方法。

布龙菲尔德认为,语言学是心理学的分支,并且特别指出是心理学中带有实证论特征的行为主义。从行为主义的语言观出发,儿童对语言的学习是通过一连串的"刺激—反应—强化"来达到的,而成年人对语言的使用也是一个"刺激—反应"的过程。当行为主义者的方法论通过布龙菲尔德的著作进入语言学研究以后,在语言学研究中普遍的做法就是去接受、理解一个本族语者用他的语言说出的语言事实本身,而丢弃他对其语言所作的评论。这是因为只有观察了没有准备的、由说话人自然陈述的话语而做出的语言描写才是可靠的;相反,如果一个分析者通过询问说话者诸如"你能否用你的语言说……"之类的问题得到的语言描写则是不可靠的。

布龙菲尔德用一个有趣的例子来说明他的"刺激—反应"理论。假设一个男孩和他的女朋友正在散步。女孩饿了,她看到树上有苹果,于是发出一些声音。结果那个男孩就跳过篱笆,爬上树,摘下果子,递给女孩。女孩便把苹果吃了。这一系列行为可以被分解为言语行为和实际事件,而整个故事可以分为三个部分:(1)言语行为之前的实际事件;(2)言语;(3)言语行为之后的实际事件。在(1)的实际事件中,女孩饿了,树上的苹果,以及她和男孩的关系,都构成了对说话人的刺激。在(3)中,是那个男孩的实际行动,叫做听话人的反应。那个女孩的语言行为的结果就是,她本人不必亲自去爬树就得到了苹果。于是,布龙菲尔德的**第一条原则**是:一个人受到某种刺激时,他可以用他的语言去让另一个人做出相应的反应。在一个社会中,不同的人总是具有不同的能力,但只要有一个人会爬树,只要有一个人会捕鱼,大家就都能吃到苹果,也都能吃到鱼。于是,布龙菲尔德得出他的**第二条原则**:劳动分工以及基于劳动分工基础之上的一切人类活动,都依赖于语言。最后,再来看看那个女孩发出的声音。这是对外部刺激(饥饿)的语言反应。这些声波抵达男孩的耳朵,耳朵又刺激他的神经,使他听到女孩说的话。这就是对那个男孩的刺激。这就是说,人们可以对两种刺激做出反应:实际刺激和语言刺激。于是,布龙菲尔德得出了他的**第三条原则**:说话人和听话人身体之间原有一段距离——两个互不相连的神经系统——由声波作了桥梁。布龙菲尔德从中提出了一个著名的公式:

$$S \text{──────} r \text{──────} s \text{──────} R$$

这里 S 指外部刺激,r 指语言的代替反应,s 指语言的代替性刺激,R 指外部的实际反应。

布龙菲尔德还谈到语言学对语言教学的应用,并对传统语法提出批评。他指出,18、19 世纪的语法学家大都是在为英语制定"英语应该如何"的规则。他还断言,那些传统的语法学家大都是规定性的,企图用哲学概念来规定语言范畴,因此是教条主义。这样,在语言教学中,我们应该首先教发音,而不是过多地去注意文字形式。在美国的外语教学中,他认为学习一门语言需要不间断地练习和在真实情境中不断反复,而不是去教授学习者学习语法理论。那些传统的方法不仅给学生造成疑惑,而且不符合经济的原则,不会给学习者很大的帮助。

应该看到,行为主义有局限性。第一,它不考虑直觉,把它排除在素材之外;第二,把语言的产生和理解过分简单化,从而无法准确解释人的复杂思维过程;第三,归纳法固然重要,但在获得足够的语料后进行合理的演绎和推论是必要的;第四,过分坚持行为主义,会认为人的语言行为与动物的行为没有本质区别。如果人通过一系列刺激——反应——模仿——强化的过程就能掌握语言,那么我们给动物足够的训练,它们也就能掌握人类语言。

不过,布龙菲尔德不是一个极端行为主义者。依靠客观材料的行为主义方法为心理学和语言学提供了一个科学基础。考察一门外语时,不用问说话人是怎么评判的,最好的办法是抛弃所有的预设。在此基础上,布龙菲尔德建立了一套严格的考察和描述方法。后来的语言学家认为,布龙菲尔德的最大贡献是使语言学成为一门科学。

2. 言语社团　布龙菲尔德在讨论言语社团(speech community)问题时说,言语社团就是通过言语相互交往的人群,也是最重要的社会群体。言语社团不一定与生理性的社团有什么关系。不同言语社团的人娶来嫁去,组成家庭后并不影响他们的子女讲什么语言。语言不是可以遗传的东西,而是后天获得(acquired)的。布龙菲尔德注意到了区分语言(language)与方言(dialect)之难,因为在同一个言语社团里存在着不同的"交际密度"(densities of communication)。如果两个社团之间没有交流,他们就会逐渐讲两种不同的语言。如果两个社团由于社会或地理原因交往甚少,他们就会逐渐讲两种方言。因此布龙菲尔德区分了五种主要类型的言语:

(1) 文学标准体(literary standard):用于正式讲演或书面语(如 I have none),通过教育得到,与人所处的地域没有关系。

(2) 口语标准体(colloquial standard):特权阶层的非正式文体(如 I haven't got any)。

(3) 地方标准体(provincial standard):与口语标准体有些接近(如 I haven't any 或 I haven't got any),取决于出现的地方。例如,英美两国的地方标准体就有明显的差别。在美国,指中产阶级使用的语言,其中也有少许差异。

(4) 非标准体(sub-standard)：中下阶层的语言，与前三类有明显区别但没有明显的地域差异(如 I ain't got none)。

(5) 本地方言(local dialect)：最低阶层的语言或家庭日用语言，同一社团内的其他人如果不了解就听不懂(如 a hae nane)。

3. 音位理论　语音学研究人的发音器官和所发出的声波，因此布龙菲尔德区分了"生理语音学"(physiological phonetics)和"音响语音学"(acoustic phonetics)。虽然布龙菲尔德认为研究语音可以不考虑意义，即"实验语音学"(experimental phonetics, laboratory phonetics)，但是实验语音学实际上与意义紧密相联。例如，不同的人在同一个词上的发音截然不同，甚至同一个人每次读同一个词时发音也不相同。有这么大的差别，那人们怎么能相互理解呢？在言语形式的意义还不可能科学地加以确定以前，我们只能根据语言学的一条基本假设：在每一个言语社团里，有些话语在形式上和意义上都是相同的。如英语的 man 这个词不论怎么发音无论用什么声调发出，都是"相同的"词，意义不变。其根源在于发音特征。任何一段话语都包含声响特征，其中一部分特征是无关紧要的，即非区别性特征(non-distinctive features)，只有一部分与意义相联系，即区别性特征(distinctive features)。

研究有意义的语音，是音位学(phonology)。音位(phoneme)是区别性语音特征的最小单位(minimal unit)。为了识别音位，布龙菲尔德采用了替换由总音响特征构成的连续体中的某一部分跟其他部分相似的语音形式，按照出现的位置进行比较的办法，称作最小对测试(minimal pair test)，先改变一个词里的某一部分，找到跟其他部分相同的形式。在若干个部分中，可以先改变一个，然后再改变另一个，这样仍然有部分相同的地方。例如 pin 这个词，改变不同的部分，可以得到以下几个系列：

(1) 只改变第一个部分：　　pin→fin, sin, tin　　(/in/相同)

(2) 只改变第一二部分：　　pin → man, sun, hen　　(/n/音稍有不同)

(3) 只改变第三部分：　　pin→pig, pill, pit　　(/p/音相同)

（4）只改变第二三部分：	pin → pat, push, peg		(/p/音稍有不同)
（5）只改变第二部分：	pin → pin, pen, pan, pun		(/p/音与/n/音相同)
（6）只改变第一三部分：	pin → dig, fish, mill		(只有/i/音相同)

这样就可以找出与 pin 这个词部分相同的形式。如果再无法找到可以替换的部分，就可以确定这个词的所有区别性特征是三个不可再细分的单位——音位。布龙菲尔德总结出了三大类音位：（1）简单的主音位（simple primary phoneme）或音段音位（segmental phoneme），如 pin 中的 p—i—n；（2）复合音位（compound phoneme），如双元音；（3）次音位（secondary phoneme），如非重读的两个或两个以上音节。

语言的音位都不是声音，而只是声音的特征。说话的人由于经过训练，能在一连串的实际语音里发出这些特征。区别性特征和非区别性特征都有一定的范围。例如，人们可以用各种方式发英语 pin 里的元音，但无论如何不能发成象 pen 或 pan 里的元音，因为/i/、/e/、/a/三个元音是有严格区别的。在学习和研究一种语言的语音的时候，主要考虑有区别性的特征。

布龙菲尔德还注意到不同的语言有不同的音位系统。同一个特征在一种语言里可以是有区别性的，在另一种语言里可以是没有区别性的。如英语中的/k/可以出现在 kin 和 cook 里，/g/可以出现在 give 和 log 里，但在不同的组中/k/和/g/分别都属于同一个音位。可是，匈牙利语和阿拉伯语里有些音位由于出现的位置不同就有了区别性特征。英语有九个元音，意大利语有七个，西班牙语有五个。

4. **语法单位** 在语法描写中，布龙菲尔德引进了一些初创的重要单位，对美国描写语言学有很大影响。首先他区分了"自由形式"（free form）和"粘附形式"（bound form）。每一种语言都包含一定数量的单位，也就是语言形式，即音位的固定组合。语言学的描写工作在于对语言形式作比较严格的分析，同时假定这些语言形式具有稳固的和可以确定的意义。在一个言语社团里,某些话语在语音和意义上是相似的或者部分地相似。具有一定意义并能单独出现的形式(如 John,run,play 等)是自由形式。有些形式不能单独出现,只是较大的形式单位的一部分(如-s,-ing,-ly 等),是粘附形式。

凡是跟别的语言形式在语音—语义上有部分相似的语言形式是"复合形式"(complex form)。任何复合形式的共同部分都是语言形式,它是这些复合形式的"成分"(constituent 或 component)。如 John,ran,play,-ing,cran-,-y 等。跟别的任何一个形式在语音—语义上没有任何部分相似的语言形式是一个"简单形式"(simple form),或叫做"语素"(morpheme)。

为了区分词汇特征与语法特征以及这些特征与意义单位的关系,布龙菲尔德用下列术语列出了它们的对应。

		词汇	语法
最小的没有意义的语言信号单位	语位 phememe	音位 phoneme	法素 taxeme
最小的有意义的语言信号单位	义位 glosseme	词素 morpheme	法位 tagmeme
最小单位的意义	义素 noeme	语素意义 sememe	法位意义 episememe

表中音位是词汇的最小单位,法素是语法的最小单位,二者有区分意义的功能,但本身没有意义。

布龙菲尔德在《语言论》的第二部分探讨了历史语言学的一些重要问题。他指出比较语言学上使用的树形图有两个缺点,因为这种图表示有两种情况。一个是,共享同一种语言资源的社团曾经是相同的。另一个是,一个原始的社团突然间分裂成了两个或更多的社团,此后就不再有什么接触。尽管德国语言学家施密特(Schmidt)提出了"波形理论"(wave theory),认为言语变异从一特定语言地域向四周扩散,对邻接的语言影响最大,对较远的语言影响逐渐减小,但比较的方法不能真实地描述语言发展的过程。问题在于人们假设言语社团是相同的,而在现实中不可能有这样的社团。布龙菲尔德还指出,语言

变化不仅仅局限于语音变化,有些形式并非不能在词源学上找到证据。他归纳的四种变化是:

(1) 社会文化变化(sociocultural change):出于当时社会现实的需要而产生的变化,例如,有些形式是由于某种目的而创立的,而有些形式也是由于为了避免头韵、谐音和禁忌语等。

(2) 类推变化(analogical change):根据其他形式的变化规律类推出另一个形势变化。例如古英语中 cow 的复数形式是 kine,但当有些人开始使用 sow—sows 的形式时,cows 这样的复数形式就产生了。还有一种是逆构法,如 edit, act, separate 分别派生自 editor, actor, separation。

(3) 语义变化(semantic change):只改变词汇意义而不改变形式的语法功能。布龙菲尔德列举了九种语义变化,不过他认为语义扩大和语义缩小这两种是最常见的,意义的废除与外部因素有关。

(4) 借用(Borrowing):布龙菲尔德列举了三种借用,发生在同一语言中的"方言借用",两种语言之间的"文化借用"和"直接借用"(一种文化被另一种文化征服后,两种语言在同一个地方同时使用,被征服者向征服者借用。如果征服者很强大,被征服者的语言就会消失,或者至少变成洋泾浜语言)。

布龙菲尔德在《语言论》的最后一章论述了语言学运用于语言教学的问题,并批判了传统语法。他指出,18、19 世纪的语法学家大多在提条条框框,规定什么是好英语什么是蹩脚的英语。实际上,所有的变异都是地道的(genuine)英语。在语言教学中不应过分注重文字形式,而应该先教发音,等等。

《语言论》虽然是一部教科书,但它开创了一个语言学流派——美国结构主义语言学。早在半个世纪以前,布洛赫(Bernard Bloch)就写道:在美国所发生的分析方法上每一项重大的进步……都是由于布龙菲尔德的这本书促进语言研究的直接成果。如果说今天我们在描写分析的方法上在某些方面比他的方法高明一些,我们对于他首先给我们揭示的语言结构的某些方面比他本人认识得更清楚一些,这是因为我们站在了他的肩上。

布龙菲尔德在《科学的语言学问题》(Linguistic aspects of science, 1939)一文中提出了四条原则。第一条是:科学应当仅仅处理具体时间具体地点每一个人都能观察到的现象(即行为主义)。第二个原则是:科学只能仅仅处理具体的时间地点坐标上的现象。第三个原则是:科学只仅仅使用最初的那些能导致实际操作的表述和预测。第四个原则是:科学只能采用与物理现象有关的常用术语所严格界定的术语。

布龙菲尔德并不主张成立什么学派,但人们却把美国描写语言学说成是"布龙菲尔德学派",甚至有不少人自称是布龙菲尔德的学生,把布龙菲尔德的《语言论》奉为"圣经"。

5.4 后布龙菲尔德时期

在布龙菲尔德《语言论》的影响下,哈里斯(Zellig Harris)、霍凯特(Charles Hockett)、特雷格(G. Trager)、史密斯(H. L. Smith)、希尔(A. Hill)以及霍尔(R. Hall)等美国语言学家进一步发扬了结构主义。他们的一大特点就是严格(彻底)的经验主义。20世纪50年代,随着电子计算机的出现,一些语言学家开始意识到普通语言学研究最为适当的、固有的目标就是发明一套明确的"发现程序"(discovery procedure),使得计算机能够处理任何语言的原始数据,并且在无人为干涉的情况下形成一套完整的语法。因此,后布龙菲尔德时期语言学以直接的观察为中心,即通过对所有数据进行一系列恰当的操作来发现语法,比如通过发现程序。这里所谓的全部数据即为"言语",所以操作必须从对音流的语音分析入手。既然是音素构成了众多不同类型的结构,它们就可以被分类为最小的可重复的排列或是语素形式,它们都是同一语素的成员。

在发现语言中语素的基础上,语言学家的任务就是去找出语素是如何被组合起来形成语法的。为了发现完善句子结构的发现程序,后布龙菲尔德时期语言学家还对话语层面产生了浓厚的研究兴趣。

5.4.1 哈里斯

哈里斯是后布龙菲尔德时期重要的语言学家。1909年生于乌克兰,4岁时随父母移居美国,30年代在宾夕法尼亚大学连续取得学士、硕士、博士学位,他一生的教学生涯都是在这里度过的。1951年前,他主要研究语素和音素的结构分析,此后转向了句法分析。

哈里斯的《结构语言学的方法》(*Methods in Structural Linguistics*,1951)一书被普遍看做标志着美国结构主义达到成熟期的著作。这本书1960年第4次重印的时候,哈里斯把书名改为《结构语言学》(*Structural Linguistics*),内容未改,只是在前面加了一篇序。序里指出:句子中心分析(Sentence center analysis)、转换分析(Transformations)和话语分析(Discourse analysis)是近年来描写语言学在方法上的"新发展",不过这些对于《结构语言学》里所提出的各项分析程序并没有什么影响。

哈里斯在这部著作中给出了关于发现程序最为完整全面和引人入胜的表述,其主要特点是精密的分析程序和高度的形式化手段。托吉比(K. Togeby)在1963年评论这本书时曾指出,它是作者以前六篇有关结构分析的论文的系统整理和总结。这本书出版以后,在美国和欧洲的语言学界受到重视。意大利语言学家莱普希(Giulio C. Lepschy)认为,哈里斯的这部书是美国"后布龙菲尔德时期语言学"(Post-Bloomfieldian Linguistics)的象征和转折点(Lepschy,1970:120)。纽曼(S. Newman)认为,这是继布龙菲尔德《语言论》之后对描写语言学做出重要的贡献的一本"巨著"。

5.4.1.1 基本原则

在《结构语言学的方法》的前两章和最后一章,哈里斯详细解释了整套语言结构分析方法的思想,内容包括结构分析的任务、分析的基本标准、分析程序、对分析结果的要求等。

对哈里斯来说,语言结构分析的任务就是找出话语(utterance)中的不同单位,然后解释这些单位之间的关系。因此他提出了两个基本程序:切分和分类(segmentation and classification)。这种方法只限于分析单位以及话语中单位之间的关系,而不是话语之间的结构分析,也不涉及意义、个人风格以及语言与社会和文化之间的关系。

结构分析的标准,首先要确定话语里的某个成分是不是一个单位,怎样说明各个单位之间的关系。哈里斯认为,主要根据这些成分或单位在话语里的"分布"(distribution)情况来决定。分布,就是某个单位或特征在话语里出现的不同位置的总和,也就是它出现于其中的一切环境的总和。也就是说,要看某个单位(或特征)能在哪儿出现和不能在哪儿出现。

哈里斯认为,根据分布可以看出,在我们的语言材料里有哪些单位出现,以及这些单位跟别的单位之间的关系是怎样的。这是描写语言学工作的目的。

哈里斯把分布作为语言结构分析的主要依据,是因为他不主张在语言结构分析中依靠意义。他认为意义是由社会环境决定的,而目前我们还没有能力去分析社会环境,因此只好依靠分布。哈里斯还断言,分布上的不同也就是意义上的不同,这就是他在结构分析中对待意义的极端态度。

5.4.1.2 分析的程序

按照《结构语言学的方法》一书提供的方法,如果要分析一种语言的结构,首先得用严格的方法把话语记录下来作为素材,把这些素材看成是语言的样品或缩影。究竟要多少素材才有代表性?哈里斯没有正面回答。他只说,越多越好,不过最低限度是要能满足分析的需要。

哈里斯分析的方向是从小到大。先分析出语素,然后再分析语素组合的序列,最后分析语素序列组合的模式,也可以说是从语素到话语。这跟布龙菲尔德从话语开始一层一层分析到语素为止的直接成分分析法在方向上正好相反。哈里斯认为,他的方法与布龙菲尔德的相比,只是方向不同,实质上还是一样的。同时,他还强调形式上的特征,并指出,无论什么单位总是跟一定的形式特征联系在一起的。在话语里,我们往往会发现一些重复出现的特征。如果能把重复出现的同一个特征找出来,也就是找到了单位。进一步对这些特征出现的规律进行说明,也就是确定了各个单位之间的关系。按照这种方法分析出来的结果,就是一些单位(或特征)以及这些单位(或特征)在话语里的配列的情况。

按照这种方法去做,不同的人会得出不同的结果。可是总的要求是:单位的总数越少越好,而每一个单位能概括的东西却越多越好,至于各个单位的配列的说明则越简单越好。有人指出,哈里斯的标准实际上是数理逻辑对公理化的形式系统所要求的完全性(completeness)、简单性(simplicity)和一致性(consistency)。

5.4.1.3 语音分析

在《结构语言学的方法》中哈里斯把语音单位分成了三类:音段(segment)单位,升降曲线(contour)单位和音渡(juncture)单位。语音分析的第一步是切分音段,即把话语里的一连串音切分成一段段的音。在一连串音里,如果某一段音的特征在另一串音里也出现,就可以把这段音分离出来,算是一个音段。具体方法是对比和替换。例如,can't do it 和 cameras cost too much,如果把第一段话里的第一个成分按原样换到第二段话里的第一个成分上去,让一个以英语为母语的人听,如果他认为第二段话没有变,那么就可以认为这第一个成分是一个"音段",就用一个符号/k^h/来代表这个音段。例如,/t/与/p/总是跟/h/一起出现(有时把送气标记为/^{h}/),如 tip /t^hip/和 pick /p^hik/,那么就把/t^h/和/p^h/分别当做一个单位。当音段的长度确定出来后,就可以用这些单位区分不同的话语。如 pick /p^hik/和 pit /p^hit/的区别在于/k/和/t/之差。

哈里斯接着用替换法找出相同的音段。他指出,凡是能够相互替代的就算是相同的音段。不过做法有两种:一种是在同一段话里互相替换,另一种是在不同的话语里互相替换。是不是同一个成分要由说本地话的人来决定。哈里斯希望分离出来的音段跟语音单位一致。他承认开始分的时候可能有偏差,但通过逐步替换可以得到纠正。同时,哈里斯还补充了三条标准:

(1) 音位的总数越少越好,每一个音位出现的环境越多越好;
(2) 语音对称:(a) 构成每个音位的成员,在语音上要有共同的特征。如/p/和/p^h/都有闭唇音和清音特征,可归入同一个音位/p/;(b)不同音位的内部成员在分布上相当,如/p, t, k/和/pʰ, tʰ, kʰ/出现在不同的环境里,如果要把/p/与/pʰ/、/t/与/tʰ/分别归入同一个音位,其结果就是,环境应该是 p : pʰ = t : tʰ = k : kʰ。哈里斯认为,这条标准的好处在于能清楚地说明语音分布;(c)不同音位的特征在整个音位体系中应当具有普遍性(如英语的清音与浊音相对的特征比送气与不送气相对的特征更普遍,所以就选择清音这个共同的特征作为标准,把/t/和/tʰ/归入同一个音位);

(3) 环境对称:要求各个音位出现的总的环境最好相等。

哈里斯还分析了升降曲线单位。升降曲线也叫"长成分"(long components),指扩展在整段话语上的某个特征。如:

$$1 \quad 2 \ 34$$
He's coming?   /hiyz kəmiŋ/
$$0 \quad 20$$
He's coming.   /hiyz kəmiŋ/

这两段话语,哈里斯不把音高的差别看作各个音段的差别,而是把它们从整个话语中抽出来,这样就把话语分成了两部分:音段序列(不带音高的/hiyz kəmiŋ/)和升降曲线(1234 和 020)。

5.4.1.4 语法分析

哈里斯基本上把分析语音的一套程序和方法运用到了语法分析上,先切分后归类,以分布作为标准,用替换法。分析的程序如下:

1. 切分语素段

哈里斯的目的是要从话语里切分出相当于最小的语法单位的一段音位序列,他把这样一段音位序列叫语素段(morphemic segment),认为它必须具备两个条件:能够独立,跟其他独立的音位序列有相同的分布关系。分析方法是可以用替换法和分布法检验的。

替换法　如果在相同的环境里,某个音位序列能够用别的序列来替换,它就算是独立的音位序列。例如,在 That's our roomer 中,/ruːmər/ (roomer) 是独立的,因为它可以被/riˈkɔːdər/ (recorder)来代替。为了防止把两个语素段看成是一个,可以试把一段音位序列分成两部分。如果其中有一个部分不跟另一个部分在一起也能在同一个环境里出现,那就证明这段音位序列不止是一个语素段。如/ru:mər/是由/ru:m/和/ər/两个部分构成,在 That's our room 中是/ru:m/,在 That's our recorder 中是/ər/。

分布 用分布特征来证明假定独立的音位序列是一个语素段。如果 It is my cape 里的/keip/(cape)可以被/teip/(tape)替代,那么/keip/就是独立的。announcer 中的/ər/可以被/mənt/代替,因此就是独立的。从分布的观点看,/ər/和/mənt/都可以在 assign,govern,reinforce 这些词后出现,但不能在 is,very,quite 这些词后出现,都是分布特征决定的。因此,可以断定/ər/是一个语素段。

2. 并归语素

首先要把语素段(segment)都列出来,然后列出每一个语素段出现的环境。主要是根据分布上的同一或者互补分布把语素段并成一个新的单位——语素。标准如下:

(1) 出现的环境相同、语音成分也相同的语素段,可归为一个语素;出现环境完全相同但语音成分部分不同的语素段,也可归为一个语素。如/ˌekəˈnɔmiks/和/ˌi:kəˈnɔmiks/(economics)被当做同一个语素的两种变体。

(2) 语音成分相同的语素段,可归为一个语素。如 I saw you, Are you coming? 和 It's yours 三个句子中的/ju:/(you)都是同一个语素的不同成员。当然,这一标准可能会把 too, two 和 to 的/tu:/归为同一个语素,因此哈里斯用另一条规则来限制。

(3) 语音成分不同但在分布上有互补关系的语素段,可归为一个语素。如 knife 和 knive-,前者不出现在-s 前,后者出现在-s 前,归为一个语素{knife}。

(4) 如果一个语素段出现的全部环境与另一个语素段出现的环境完全相同,那么在各个环境出现的这个语素段可归为一个语素。如 hotel 可以在 They are looking for a ____, My ____ is right over there 和 Several ____ s were destroyed 这样的环境里出现,与 rug 和 tavern 出现的环境并不相同,因此可以看作同一个语素{hotel}。

(5) 互补分布的语素段出现的环境,应当与另一个语素段出现的环境的总和相等。如 I came from there 和 I have four more 中的 from 和 four 是互补的,但没有一个语素能同时出现在"I came ___ there"和"I have ___ more"里,因此,from 和 four 不能归为同一个语素。

3. 并归语素类

基本方法是把出现的环境作为"框架"(frame),凡是能出现在同一个框架内的语素为一类(即替换法)。哈里斯给语素取名为"语素—位置类"(morpheme-position class),并提出了两种分析方法。一是按出现的环境大致相同分类,二是按具体出现的环境分类。以 hear 和 tear 为例,hear 可以出现在 I'll ___ the bell 里,但不能出现在 I'll ___ the paper 里。paper 和 bell 可以看作同类(用 N 代表),但它们的环境只能是 I'll ___ the N。

4. 并归形式类

把句法功能上相同(即能出现在相同的环境里)的语素类的序列归为一类,叫"形式类"(form class)。虽然用的是替换法,但替换的不是单个语素类,而是语素类的序列。比如在语素类 D(A + ly = D) 的序列里,utterly 可以在所有环境下替代 quite,这二者属于同一个形式类。

哈里斯认为,这样就可以揭示出语素类之间的结构关系。如我们知道在 A + ly = D 里,A 可以与 ly 结合并在任何 D 可以出现的环境里出现。这样就可以分析出直接成分,如 gentlemanly 可以在话语中用 A 代替(如 fine 等),然后找出 A 的简单公式,如 A = NNa,所以 gentlemanly = gentleman + ly,就是直接成分。

5. 并归结构

结构是按照特征并归的,包括语素类的类型、语素类组合的次序、重音和语调、自由形式或粘着形式等。

结构可分为层次。第一层是把所有结构中的最小结构分离出来,第二层是包含一个以上的最小结构,第三层是更上一层。如 book 和 worm 属于第一层最小结构;bookworm(包含 book ＋ worm)是第二层;整个结构 that old bookworm 是第三层。

6. 说明话语的语法结构

这是哈里斯语法分析的最后一个程序,其目的是要说明语言素材里能出现哪些话语,以及这些话语是由哪些语素序列和结构组成的。哈里斯认为,最简单和最有概括说明力的办法是把话语里语素类或者结构出现的情况用公式列出来。如英语里有 NVX(X 表示升降曲线)组成的话语,从这个结构公式里可以推出很多由 N 和 V 的成员按这一次序组成的话语。哈里斯给了一个图表,横向表示连续出现的成分,竖向表示可替换的成分,如:

N	V	P	
			N
	Vb	A	

话语结构图(Harris, 1951:350)

NV：	John arrived.
NVP：	The man came in.
NVPN：	They went on strike.
NVN：	We'll take it.
NVb：	He is.
NVbP：	I can't look up.
NVbPN：	The mechanic looked at my engine.
NVbN：	He's a fool.
NVbA：	They looked old.

根据哈里斯的分析,话语里可以列出基本的公式和图形,凡是符合这些公式的话语,就是句子。这就是哈里斯语法分析的全部程序。

5.4.1.5 转换分析和线性分析

哈里斯在这一时期最重要的著作《结构语言学的方法》中，试图制定严格的语言形式描写的技术。但他并不满足于成分分析，于是他后来又进一步提出了转换分析(transformational analysis)和线性分析(string analysis)。转换分析的主要论著是《语言结构中的同现和转换》(Co-occurrence and transformation in linguistic structure, 1957)，线性分析的代表作是《句子结构的线性分析》(*String Analysis of Sentence Structure*, 1964)。

1. 转换分析

哈里斯的转换分析跟以后他的学生乔姆斯基的转换生成语法中的"转换"虽然用的是同一个术语，但实际内容并不一样。哈里斯的转换是表层结构之间的转换，而乔姆斯基的转换是从深层造构到表层结构之间的转换(见下章)。

哈里斯在发表在 *Language* 杂志上的《语言结构中的同现和转换》一文中认为，有关的结构可以列出转换式，并给转换式作了如下规定：

> 如果有两个或更多的结构(或结构序列)，其中所包含的是同样的 n 类(不管此外还有什么东西)，当这些结构(或结构序列)出现在同样句子环境中的时候(其中所有的同是这些 n 类成员所构成的成员组)……我们就说这些结构互为转换体(transforms)，每一个结构都可以从另一结构获得，只要通过特定的转换方式就成。(Harris, 1957: 288)

这就是说，某个 n 类的成员组(由选定的个别词构成)若在结构 A 出现，也在结构 B 出现，那么 A 和 B 这两个结构就有转换关系。例如：

(1) N v V ⟷ Ving N

People are working. ⟷ working people

(2) N_1 v V (N_2) ⟷ N_1's Ving ((of) N_2)

You are reading (these books). ⟷ Your reading (of these books)

箭头左右是两个不同的结构,包含相同的成员。前后相同的成员可以相互转换。主动语态和被动语态的转换是最重要的。如:

(3) N_1 v V N_2 ←→ N_2 v be Ven by N_1

The boys are having a party. ←→ A party is being held by the boys.

关键在于,并非包含相同成员的结构都能相互转换。因此,哈里斯说,N_2 v V N_1 不是 N_1 v V N_2 的转换体,因为有许多三成员组只能用于一种格式而不能用于他种。如 The citizens destroyed the barracks 与 The bystander reported the accident 这两个句子的词序不能调换。(否则就成了 *The barracks destroyed the citizens 和 *The accident reported the bystander 这样的无意义句子。)

2. 线性分析

线性分析的基本假设是:句子是由一个基本句(也就是句子的中心)加上(或者不加)一些附加语组成的。哈里斯给了一个句子来说明:

Today, automatic trucks from the factory which we just visited carry coal up the sharp incline.

(今天,从我们刚参观过的工厂开出来的自动卡车把煤运上这陡坡儿。)

在这句话里,trucks carry coal 是基本句,today 是加在基本句左边的附加语,automatic 是加在 trucks 左边的附加语,from the factory 是加在 trucks 右边的附加语,which we visited 是加在 factory 右边的附加语,just 是加在 visited 左边的附加语,up the incline 是加在 carry 右边的附加语,sharp 是加在 incline 左边的附加语。

从这个例子看,附加语是一些词的序列(也可能是一个词),它们自身不是句子,它可以加在基本句或者附加语的左边或右边。无论基本句和附加语都是由词按先后排列成的线性结构。每一条"线"(string)里的词都可以根据分布的特征各自归到一定的词类(word category)里去。这样,就可以把"线"里的每个词用词类的符号来代表。这些用词类符号代表的词的序列就叫做"线性公式"(string formula)。这样，就可以把句子变成由词类组成的序列。

在线性分析里，首先得把基本句和附加语分析出来。分析的方法是把句子的某一段切开，剩下的部分还得是一个句子。一直切到不能再切为止，剩下的部分就是基本句。检验剩下的部分是否还是一个句子，得问调查的对象(讲这种语言的本地人)，这跟一般描写语言学学派所用的调查方法相同。

哈里斯认为，所谓线性分析就是用这些中心线和附加线加上一些简单的推演规则来描写某种语言的所有的句子。他指出，句子结构可以有三种分析的方法，即成分分析(也叫"分类分析")、转换分析和线性分析。这三种方法对于句子分析都是必要的。成分分析是把句子往下分，一直分到语素为止，它能把句子分成主语和谓语两个部分，线性分析可以把句子分成基本句和附加语；而转换分析能把句子分成基本句以及转换成不同类型句子所用的"固定成分"(constants)。哈里斯认为句子本身就具有这三种性质，所以这三种分析都是必要的。线性分析是介乎成分分析和转换分析之间的一种分析方法。

哈里斯把"分布关系的逻辑"作为结构语言学的基本方法，建立了一整套描写语言的严密的程序。他制定的方法对美国描写语言学的巨大贡献在于，他的著作标志着一个新时期的诞生。有人把它称作"后布龙菲尔德时期"(post-Bloomfieldian era)最杰出的代表。实际上，哈里斯的方法是美国描写语言学在这个时期的总特点，即精密的分析程序和高度的形式化。当然，批评哈里斯的文章也不少，说他制定的方法存在不少明显的缺点，如结构分析中的单位是靠分布得出来的，而分布得看环境，环境又是由单位组成的。那么，究竟是单位决定分布，还是分布决定单位，在这个问题上，哈里斯陷入了循环论证的泥坑。也有人提出批评，认为哈里斯的分布分析在实际操作中也十分繁琐，特别是在对待意义的问题上，态度十分极端，甚至试图完全排斥意义。尽管分布分析存在一些缺点，但作为一项分析标准，有其科学价值。

5.4.2 霍凯特

这一时期占有重要位置的另一位代表人物也是布龙菲尔德的忠实继承人——霍凯特(Charles Hockett，1916—1996)。霍凯特 1916 年生于美国俄亥俄州，1932 年入俄亥俄州立大学，主修古代史。后来由于受布龙菲尔德《语言论》和人类学课程的影响，对语言学和人类学产生了兴趣，先后获得学士和硕士学位。1935 年入耶鲁大学，1939 年获人类学博士学位。1940 年到 1949 年，他继续从事学术研究，进行语言调查。二次世界大战期间，他于 1942 年应征入伍在军队中教汉语并编写汉语教材和词典。从 1946 开始，他在康奈尔大学教语言学和人类学，其间曾主持基础汉语教学达 14 年之久。

霍凯特曾对美洲印第安语中的阿尔贡金语系作过专门的研究，汉语是他的主要研究对象之一，论著共有 11 种，如《汉语口语词典》(*Dictionary of Spoken Chinese*，1945)、《汉语口语：基础教程》(*Spoken Chinese: Basic Course*，1944)和一系列有关语音语法描写的论文。从 1939 年到 1984 年，霍凯特共写了 100 多篇专著和论文，最有名的教材是《音系学手册》(*A Manual of Phonology*，1955)和《现代语言学教程》(*A Course in Modern Linguistics*，1958)①。

霍凯特是一位勤奋的学者。他从不满足已取得的成绩，随时准备放弃或修正曾经谈过或运用过的不够完善的理论和方法。他不断进取的精神表现在他的论著中，例如对基于布龙菲尔德理论框架的 IA (见 5.4.2.2)描述，他并不感到满意。

5.4.2.1 霍凯特的《现代语言学教程》

霍凯特既是一位语言学家又是一位人类学家，他坚定地坚持结构主义模式，被认为是后布龙菲尔德时期语言学的代表人物。他不仅对音位、语素和语法分析以及普通语言学及其与其他学科的关系等方面做出了卓越贡献，还对其结构主义者的观点进行了令人激动和鼓舞人心的捍卫，同时又对转换语法中许多通常在表面上看来无可争议又甚

---

① 中文版由索振羽、叶蜚声译，北京大学出版社 1984 年出版。

为基础的假设提出疑问。

《现代语言学教程》是美国结构语言学集大成的理论著作,也是论述语言学各个方面的综合教科书。该书包含着并发展了20世纪30年代以来的结构主义范式的思想和成果。霍凯特在前言中说,这本书是写给大学语言学专业作为教科书的。虽然霍凯特没有追随任何一个语言学"流派",但在他的书中几乎每一页都可以看得到美国语言学(尤其是布龙菲尔德的思想)的影响。在给该教程中文版写的前言中,霍凯特说,此书的目的是给初学者讲解语言学的概况,并不是想说明作者个人的观点,而是想综述50年代语言学界各个课题的一般看法。布龙菲尔德的《语言论》是一部通论,而这本书是一部概论性的教材。

《现代语言学教程》除了探讨语法分析外,还探讨了音位分析,语素音位分析和语素分析。还包括了方言学,语言史等一系列问题。上册是描写篇,下册是历史篇。最后一章"人在自然界中的地位"最引人注目,讨论了人类语言的本质,并把人类语言与动物交流作了比较。

5.4.2.2 霍凯特的语法描写

虽然霍凯特继承了布龙菲尔德的语言学传统,但他并不完全接受布龙菲尔德的语言学思想。在《语法描写的两种模式》(Two Models of Grammatical Description, 1954)一文里,霍凯特对形态描写和句法描写提出了不同的方法,即项目与变化过程(Item and Process, IP)和项目与配列(Item and Arrangement, IA)。以法语形容词的阳性和阴性形式为例:

阳性	阴性	
/vɛr/	/vɛrt/	(绿)
/blɑ̃/	/blɑ̃ʃ/	(白)
/gri/	/griz/	(灰)
/blø/	/blø/	(蓝)

根据布龙菲尔德的直接成分分析法,法语形容词的阳性包含一个形容词根词素(如/vɛr/,/blɑ̃/,/gri/,/blø/等)后加一个"阴性"的后缀词素。法语阴性词素因环境不同而有很多变体,因此在/vɛr/之后是/t/,在/blɑ̃/之后是/ʃ/,在/gri/之后是/z/,在/blø/之后是零变体。

IP 的主要概念是,在一个语言中,有些形式是基本形式,有些形式是通过一定的形态变化派生的。不过,这种变化与历史上的语言演变没有关系。如英语的 bake 是基本形式,baked 是通过加上后缀 d 构成的派生形式。而 IP 描述不同,会把形容词的阴性形式当做基本形式。因此,可以说"法语阳性形容词包括一个潜在的基本形式(如/vert/,/blɑ̃ʃ/,/griz/,/blø/,等)。在有些情况下可以说,如果它是不变的形式,就可以把最后一个词素删除掉。看来,IP 描述更为细致。虽然 50 年代的美国描写主义语言学家非常热衷于 IA 分析,但霍凯特提出,IP 分析同样重要。由于他对这两个描写模式都不十分满意,所以明确提出了第三种模式,即词与聚合法(Word-and-Paradigm,WP)。

霍凯特从不满足于自己的成就,不断修正和完善自己的理论和研究方法。50 年代末,当乔姆斯基向美国描写主义语言学提出挑战时,霍凯特立即响应,支持乔姆斯基。但在后来的一部著作《学科现状》(*The State of the Art*,1968)里,霍凯特对乔姆斯基的主要观点提出了批评,其主要论点围绕语言到底是规范的(well-formed)还是不规范的(ill-formed)。霍凯特认为,语言永远不可能是规范的。实际上,他提出的反对意见很难有定论。《学科现状》是想了解和质疑乔姆斯基学派基本理论构想的学者之必读书。

5.4.3 派克

在霍凯特之后的结构主义者中最为杰出的人物应该就是派克(Kenneth Pike,1912—2000)了。派克和他的后继者因其语言学分析的手法——法位学(Tagmemics)而闻名。

派克 1929 年在波士顿的戈登学院(Gordon College)学希腊语,1935 年进入夏季语言学讲习班,不久后跟随夏季语言学讲习班的发起人唐森德(Townsend)到墨西哥,研究美洲印第安的米斯台克语(Mixtec)。1937 年,进入密歇根大学学习语言学,听了萨丕尔、布龙菲尔德和布洛赫等人的课程,1941 年完成博士论文,后来修改出版为专著《语音学》(*Phonetics*,1943)。他主持夏季语言学讲习班长达 37 年,直至 1979 年退休。退休之后,于 1980 年和 1986 年两度来中国讲学。

1935年,派克开始研究语音;1947年,他的兴趣转向语法。在语法领域,他发现了一个研究语言的新途径——"法位"(tagmeme),与布龙菲尔德的"音位"原理相似。派克认为,一种语言的语音有它独立的、完全不依赖意义的等级系统,即语音等级系统(phonological hierarchy),这个系统中最小的单位是音位。音位组成更大的单位,即音节(syllable),音节又组成更大的单位,即重音群(stress group),重音群可组成更大的单位,以此类推。语言中还有语法等级系统(grammatical hierarchy)和语义层面的所指等级系统(referential hierarchy)。任何等级系统都是小单位包含在大单位中,一层一层上去的。这种等级系统也可运用到人类一切行为的分析和描写中去。

派克还认为,不仅语言有等级系统,而且世界上一切事物都是有系统、分等级的;都是由小到大,由下到上,由简单到复杂,由部分到整体分成若干不同等级。在语言三种相互关联的等级系统(音位等级系统、语法等级系统和所指等级系统)里,各个等级系统中的每一个层次都有具有轨位(slot)、类别(class)、角色(role)和接应(cohesion)这四个特性的语言单位。这些基本单位就叫做语法单位(tagmeme),简称法位。

一般说来,轨位规定某个法位在它所在的结构中占据的是核心(nucleus)地位还是外围(margin)地位,有时也分为主语轨位、谓语轨位、宾语轨位和附加语轨位。类别则用来区分这个轨位上的语言实体是什么,如词缀、名词、名词短语、动词根等等,其作用是指明该法位在结构中的职能,如动作者(actor)、受事者(undergoer)、受益者(benefitee)、协同者(associated agent)、方位(scope)、时间(time)等。接应是表明该法位是支配其他法位还是受其他法位支配。法位公式是:

$$\text{法位} = \frac{\text{轨位} \mid \text{类别}}{\text{角色} \mid \text{接应}}$$

图中四个成分中的任何一个都被称作一个单元(cell)。有些法位是必须的、强制性的,因而标以"+"号;而那些任选的、非强制性的则

标以"—"号。如果用这个公式来表示一个动词,就可以表示为:

$$\text{动词 V} = + \begin{array}{|l|l|} \hline \text{核心} & \text{动词根} \\ \hline \text{谓语} & - \\ \hline \end{array} \quad \pm \begin{array}{|l|l|} \hline \text{外围} & \text{时间词缀} \\ \hline \text{时间} & \text{时间一致性} \\ \hline \end{array}$$

这就是说,动词原形的轨位是核心,是强制性的(+),它的类别是动词根,作用是担任谓语;它的词尾变化的轨位是外围,是选择性的(—),类别是时态后缀,作用是表示时间,接应是要跟动作发生的时间相一致。

法位学的最终目的是要提供一套能够把词汇、语法和语音等信息综合在一起的理论。其理论基础假设是,在语言中存在各种各样的关系,这些关系都能被分析为各种不同的单位。然而,为了假设语言是人类行为的一部分,人们认识到语言是不能严格地形式化的。既然没有能够解释所有与语言相关的事实的描写系统,派克接受了不同的表达模式,转而用不同的描写模式为不同的目的服务,不再坚持世上只有唯一正确的语法和语言理论。他的法位学理论和方法是逐步完善的,其中的语法等级系统研究比较具体,音位等级系统和所指等级系统还有待深入研究。他极其重视句子以上单位的分析,尽管描述语言结构的方法非常抽象,但对语言学分析有重要意义。他提出法位学理论不久之后,他在密歇根大学和夏季语言学讲习班的学生们便把他的理论应用在自己的博士论文中或编写了专门教材,这些学生包括兰格克(B. Langacre)、库克(W. Cook)、比(D. Bee)等。

5.5 小　结

结构主义的基本原则是,假设语法范畴不能通过意义来定义,而应该依据分布;并且任何语言的结构描写都不应该参考那些未经证实的所谓时态、语气、词类等范畴的普遍性。首先,结构主义语法只是对在语言中发现的一切进行描写,而不是去拟定规则。然而结构主义语法的目标也因此被限定在描写语言本身,丝毫没有解释语言的运作方式及其原因。其次,结构主义语法非常注重以经验为根据以及在观察中的客观性,认为所有的定义和表述都应该要么是可证实的,要么是可证伪的。然而,结构主义语法几乎没有产生与任何传统语法相类似的易于理解的完整的语法书。再次,结构主义语法考察了几乎所有的语言,找出并且公正地对待它们的特性,但却没有能充分对待意义问题。最后,结构主义语法不止描写了语言中发现的特殊用法,甚至还描写了构成一种语言的结构和用法基础的最小差别。

赛福生(Sampson,1980)把美国描写语言学称作"描写主义"(descriptivism),认为是自萨丕尔起从人类学转向并变成了一个独立的学科。美国描写语言学跟科学的其他分支一样,继承了欧洲的传统并开创了自己的新路子。尽管美国语言学家与欧洲语言学家有密切的联系,但是欧美这两块地方的语言学研究方法有很大区别。欧洲语言学属于理性主义,重视语言的共性和相似之处;而美国描写语言学属于经验主义,重视语言的多样性。尽管美国语言学界一度非常钟爱经验主义,但乔姆斯基的转换生成语法理论却回归到了理性主义。大西洋两岸语言学发展的总趋势是融合而不是分裂。

第六章

转换生成语言学

6.0 引　言

20世纪 50 年代末,美国语言学中出现了一种新的理论,猛烈地冲击了当时在美国占主导地位的结构主义描写语言学。这一理论的创始人是乔姆斯基(Noam Chomsky, 1928—)。作为一位研究希伯来语的学者,乔姆斯基发现结构主义只按分布和替换原则对结构成分进行分类的方法有很大的局限性,于是他试图开拓一条新的道路,从 1957 年标志着"乔姆斯基革命"的《句法结构》开始,逐步建立了著名的转换生成语法(TG Grammar)。

尽管乔姆斯基的转换生成语法理论在现代语言学上有极其重要的意义,但也引起了不少争议。有些人步步紧跟乔姆斯基的理论,也有不少人批判和排斥他的理论。美国语言哲学家约翰·赛尔(John Searle)在他的评述文章《语言学中的乔姆斯基革命》(1972)中写道,乔姆斯基的研究工作是现代最辉煌的知识成果,其影响范围和完整程度足以与弗洛伊德相比。他的研究工作开创了一个生成语法的新学科,并且对另外两个学科——哲学和心理学——也产生了革命性的影响。这一新理论的优点至少在于,为许多甚至反对乔姆斯基语言研究方法的人提供了一个非常强大的工具。

英国语言学家莱昂斯曾在他的专著《乔姆斯基》(1991)的"导言"中写道：

> 乔姆斯基当今的地位不仅在语言学领域独一无二，也许在这个学科的整个历史上也是空前的。……在"乔姆斯基革命"之前，世界各地不同的语言学"流派"不胜枚举，而"转换主义"或"老乔"派只不过是很多流派中的一个而已。不论功与过，对与错，乔姆斯基的语法理论无疑是最有活力最有影响力的；任何一个语言学家，只要他不愿在自己的学科中落伍，都不敢漠视乔姆斯基的理论。现今每一个其他"流派"的语言学都要以乔姆斯基在某些问题上的观点为参照来界定自己的地位。

乔姆斯基的生成语法理论自诞生之日，已经历了五个发展阶段。**古典理论**(Classical Theory, 1955—1965)(或称"第一语言模式")旨在使语言学成为一门科学，标志性著作是《语言理论的逻辑结构》(*The Logical Structure of Linguistic Theory*, 1955)和《句法结构》(*Syntactic Structures*, 1957)。**标准理论**(Standard Theory, 1965—1970)论述语义应当如何在语言理论中进行研究，代表作是《句法理论的若干问题》(*Aspects of the Theory of Syntax*, 1965)和《语言与心智》(*Language and Mind*, 1968)。**扩展的标准理论**(Extended Standard Theory, 1970—1980)集中讨论语言普遍现象和普遍语法的问题，重要著作包括论文《名词化论》(Remarks on nominalisation, 1970)、专著《语言随想》(*Reflections on Language*, 1975)和《规则与表达》(*Rules and Representations*, 1980)。**修正的扩展标准理论**(Revised Extended Standard Theory, 1980—1992)主要讨论管辖和约束，也被称为"管辖与约束"(Government and Binding, GB)理论。最近的一个阶段是始于 1992 年的**最简方案**(Minimalist Program)和**最简探索**(Minimalist Inquires)，是对在此之前的理论更进一步的修正。

乔姆斯基既是一位语言学家又是一位社会活动家。与其他学者不同的是，他初出茅庐就一举成名，被誉为"现代思想大师"之一，甚至在年过古稀之时,学术活力依旧,仍在孜孜不倦地耕耘,著作可谓汗牛充栋。有人说,他是当今学术界活着的人里其成果被引用得最多的。他的理论涉及面很广,也很深奥,我们只能择其重要之处简要介绍。

6.1 乔姆斯基其人

乔姆斯基 1928 年生于宾夕法尼亚州费城的一个犹太人家庭。他在宾州大学读本科时,选修了语言学、数学和哲学。1951 年完成硕士论文《希伯来语法》。1955 年完成了《语言理论的逻辑结构》(The Logical Structure of Linguistic Theory)并获得宾州大学的博士学位。1957 年修订了这部博士论文并在荷兰出版,这就是《句法结构》。可以说,乔姆斯基的第一本书虽然篇幅不算大而且技术性也不算很强,但在语言研究领域产生了一场革命。从这个时候起,他在语言学、心理学、哲学等领域的影响与日俱增,不久后便受聘于麻省理工学院(MIT),任校级教授至今。

6.2 乔姆斯基的语言哲学

6.2.1 背景

乔姆斯基受过最严格的经验主义语言学传统训练,即"后布龙菲尔德"结构主义。布龙菲尔德认为,语言研究只有归纳性的概述才有用。这一观点不但不注重探索语言的普遍性特征,而且不注意语言意义的研究。布龙菲尔德以后的语言学家基本沿着这条路设计一套套程序。同时,他们也看到了布龙菲尔德在实际分析中遇到的问题,因此使用了心理主义和一些并不十分严格的方法。他们的目标是在语料库上通过运行一套规则来明确地发现一个语法,通过从音位到语素到句法再到话语这个顺序达到语法描述。

20 世纪 30 至 50 年代的美国语言学深受经验主义的影响,是有其学术根源的,因为经验主义主宰着当时美国所有的社会科学和行为科学。当时尊重科学的方法和结果的研究方法,在美国历史上也是史无前例的。结构主义与 20 年代物理化学上分析分子和原子的方法有紧密关系,而50年代心理主义在欧洲和美国兴起后,结构主义便受到了挑战。从科学角度看,计算机、数理逻辑和认知心理学都对语言学产生了很大影响。乔姆斯基从数理逻辑中借用了"生成"(generate)一词并把语言学看做认知科学的一部分。从语言学角度看,结构主义不能解释人为什么有能力说出从来没有说过或听到过的句子。随着人们对语言现象的进一步深入观察,发现结构主义的局限性越来越明显。

当代科学哲学让语言学家们认识到,使科学不同于人类其他活动的是,科学通过测量可观察的数据能概括总结出法则。后布龙菲尔德时期的结构主义想把语言学研究与物理、化学、生物学和其他自然科学的标准做法并归,就自然而然地转向行为主义心理学,从中寻找语言研究的支持。但当时以斯金纳(B. F. Skinner,1904—1990)为领军人物的美国心理学高举经验主义的大旗,绝对不能容忍"音位"、"语素"这样的理论术语。因此,只有当极端行为主义的强风过去后,人们认识到虽然有些现象不可能得到直接观察但在原则上还是与可观察的材料有联系的,这时结构主义语言学与心理学才有机地结合了起来。

乔姆斯基虽然有经验主义的背景,但他在本科学习的阶段就敏锐地看到了经验主义的不足并对其哲学价值提出质疑。这些质疑,随着时间的推移,让他重新思考自己研究领域的哲学基础并开创了语言学理论和实践的一条新路。他提出了新的语言学概念,如语言学理论到底是关于什么的理论。他把语言学理论的目标重新界定为:对一个可能的人类语言(a possible human language)提供一套严格的形式化描述(characterisation)。他后来把这种描述叫做普遍语法(universal grammar),这种描述实际上确定了所有语言发挥功能的界限。依照他的观点,自然科学家们给自己规定了并行的任务,物理学家的目的是描述可能发生的某类物理过程,生物学家的目的是描述可能发生的某类生物过程,等等。

6.2.2 语言是什么

乔姆斯基曾师从美国结构主义语言学家哈里斯,所以他的《句法结构》一书受结构主义影响很大。后来他认识到了核心问题：在描述语言时，传统语法和结构语法都不能圆满地回答"语言是什么？"这一问题。不论写出多么详细的语言学描述，人还是无法了解语言的本质。比如，人为什么会说话？人是怎么学会说话的？人的语言能力和语言知识到底是什么？在研究过程中，乔姆斯基发现，有很多现象，在结构语法和行为主义心理学中都不能找到解释。儿童在学校学习其他学科如数学和物理都会遇到困难，但在六岁前就能很好地掌握自己的母语，而且毫不费力。如果从学习环境的差别来看，语言学习的环境值得深思。语言学习，不但没有系统的训练、课堂讲授和操练，而且父母很少像语言教师那样纠正儿童使用语言的错误。而且，儿童能学到的东西，都不是教给他们的。虽然儿童听到的语言结构并不标准并不符合语法规则，但他们最终能学到完全标准的语言。虽然儿童在五六岁前这个阶段接触到的是有限的语言材料，但他们学到的句子数量是无限的。他们不但能说出听到过和以前讲过的句子，而且能够听懂他们从来没有听过的句子。儿童语言的这种特殊性状（即有能力用有限的语言资源产生出无限的句子，用有限的手段表达无限的思想）是人们没有注意到过的东西。包括"刺激—反应"和"模仿—记忆"在内的现有理论都不能对这些现象做出解释。

  乔姆斯基并没有为英语或任何一个具体的语言做出一套完善的描述。实际上，他也从没有想这么做，因为这不是他的目的。他对语言学革命的贡献在于，为世人展现了一个新的看待语言和人（尤其是人类思维）的方法。他对行为主义和经验主义提出了挑战，因为他相信语言是先天的，也发现了许多被语言学家和心理学家忽视了的事实。

6.2.3　天赋假设

  乔姆斯基认为语言是某种天赋，儿童天生就具有一种学习语言的能力，叫做"语言获得机制"（Language Acquisition Device，LAD）。这是一种很适合他们学习语言的独特的知识。他还提出，儿童生来就有一种独特的天赋才能。他们不仅有一般的倾向和潜力，而且有着关于世界本质的知识，尤其是关于语言本质的知识。根据这个观点，儿童生来就有基本的语法关系和语法范畴的知识，并且这种知识是普遍的。这些语法关系和语法范畴是存在于一切人类语言之中并为人类先天具有的知识。按照乔姆斯基的观点，对语言或语言结构的研究能够揭示人类思维的本质。这种语言研究方法使语言学成为心理学的一个分支。

乔姆斯基的天赋假设是建立在他对一些重要现象的观察之上的，而这些现象决不可能用其他方式做出正确的解释。

第一，儿童学习母语非常迅速却费力甚少。因为儿童智力尚不发达，还不足以学习任何其他知识，所以这的确是令人吃惊的速度。更重要的是，儿童最初的语言习得常常是在完全没有正式、明确的讲授下进行的，所接受的语言输入也不规范。儿童听到的话语通常并不是他正在试图获得的典型、标准的语言系统，而是不完整、不标准的信息，但输出的却是圆满完整的语言系统。那么，是什么促使儿童保留语言中正确的内容而又摒弃其中的错误之处呢？

第二，如果语言不是天生的，那就还有一些事实令人感到疑惑。儿童学习自己母语的环境差异悬殊，但他们的习得过程经历了大致相同的阶段：模糊不清的言语时期、无条理的言语时期、单词句子时期、双词阶段、正在形成的语法、接近成人语法的语法、完整的语言能力。不论儿童学习语言的环境有多大的差异，他们总能够达到大致相同的语言水平。儿童的擅长和爱好有很大差异，但是在他们第一语言习得时期，差异程度表现得极小。

第三，儿童在有限的时间里通过有限的、通常不大标准的话语掌握了语言完整的语法知识。他们不但能够理解和造出他们已经听到过的句子，而且能够产生以前从未听过的句子。他们所掌握的与其说是个别的句子，毋宁说是一套语法的规则。

所有这些现象都表明，婴儿出生时是不懂语言的，不像他们一出生就会看东西，但他们天生却有一种逐渐形成语言的能力，这与他们天生就要学会走路的能力极为相似。跟走路的能力一样，说话和听话似乎也是一种人类固有的行为活动。儿童听不到任何言语当然就不会去学语言，但是教他们说话比不上要教他们走路更迫切。

天赋假设的内容是:人类大脑语言方面的初始结构,使得儿童仅仅通过来自其家人或朋友的极少量的讲授就可以获得复杂的语言能力。但这还不完全。乔姆斯基提出 LAD 可能包含三个要素:进行假设的机制(hypothesis-maker)、语言普遍性特征、评价程序。儿童出生在许多不同的言语社团,并且能够同样轻松地学会他们所在的社团的语言。如果一对中国夫妇的孩子出生在一个说英语的社区里,这个孩子会自然而然地获得英语并作为他的母语,就如同他在讲汉语的社区中学会汉语一样。当儿童置身于特定语言的话语环境中,他就得弄清楚他所接触的是什么语言。他从他身边的言语中寻找规则,然后以更多的语料为基础进行猜想和假设。要这么做,儿童就需要 LAD 中的一种建立假设机制。然而,很多时候在同一套语言事实之上可能会有两个或更多的假设,其中只有一种简单而且更好。换言之,儿童接触到的语言可以用几套不同的语法来解释。是什么东西使他们总是从这些不同的语法中去选择那些相对更好的假设呢?乔姆斯基提出,儿童一定配备了一套评价程序,正是这套评价程序指导着他们在一系列可能的语法中做出选择。

这个观察使人联想到儿童普遍天生具有一种学习语言的能力。这种能力决不仅仅只针对某一特定语言,而是针对所有语言的。由此我们可以设想,如果儿童倾向于能够掌握任何语言,那么世界上的一切语言后面肯定存在着普遍的共享规则。这些语言普遍性分两类:形式普遍性(formal universals)和实质普遍性(substantive universals)。

乔姆斯基在跟自己的反对派在看似非常细节的问题上争论的过程中明确提出,目前讨论的对特定的现象进行特定的分析,还有很多哲学问题尚未解决。在捍卫自己的天赋假说时,乔姆斯基说,实际上这个现象到处都有:人生下来胳膊就会动,眼睛就能看东西,妇女天生就会生孩子,等等。因此,有理由认为生物体的结构是由遗传决定的。但是在研究个体性、行为规则或认知结构时,人们常常愿意把偶然的社会环境当做决定因素。正由于这个原因,乔姆斯基坚持这个立场,人类心智的结构之复杂,远远超出了我们目前所了解的程度,而且人类认知系统可以通过研究有机结构的方法得到妥善的研究。

6.2.4 普遍语法与个别语法

乔姆斯基在 80 年代指出,每个人都懂得自己的母语,这种知识在某种程度上与其同胞共享,并在他们的心智中得到体现,最终体现在他们的大脑里。乔姆斯基认为,认知结构和语言能力是通过人脑实现的,所有的语法规则、所有的心理运算都最终体现在与人的心智相对应的物质机制上。

同时,乔姆斯基并没有忽视人类经验的重要性。他说,从普遍语法(Universal Grammar)到个别语法(Particular Grammar),有一个受经验触发的过程,用 α 表示,公式如下:

$$PG = \alpha \cdot UG$$

这就是说,特定的个别语法来自接触特定语言后的普遍语法。α 参数的变量可以是不同的具体语言。比如,当 α = 汉语时,α·UG 就是汉语语法;当 α = 俄语时,α·UG 就是俄语语法。

个别语法指接触语言素材的孩子内化了的语法规则。这是下意识的语言知识,乔姆斯基称作"语言能力"(competence),与"运用"(performance)相对。一个人的语言能力是在理想状态下对一种语言的默认知识,语言运用是在正确条件下对这一默认知识的具体使用。能力和运用的区分,与索绪尔语言系统和语言现象的区分有类似之处,但乔姆斯基认为语言能力是人的心智中的一个重要特征。

6.2.5 生成语法是什么

乔姆斯基用生成语法(generative grammar)一词来简明地表示一套用来给句子进行结构描写的、定义明确、严格的规则系统。乔姆斯基认为,任何一种语言的说话者都掌握并且内化了一种有生成能力的语法,这套语法能够表达他的语言知识。于是,生成语法试图说明说话者实际了解什么,而不是看他说出自己了解什么。

生成语法不局限于对某个具体语言的研究,而是要揭示个别语法与普遍语法的统一性。它并不以描写某一具体语言为目的,而是把它作为一种方法来探索语言的普遍规律,以期最终揭示人类的认知系统和人的本质。

为了达到这个最终目的,乔姆斯基提出了三个不同的平面来评价语法,即"观察充分性"、"描写充分性"和"解释充分性"。在第一平面上,语法能够对原始的语言材料做出正确的解释。在第二平面上,语法不仅应该能正确解释原始的语言材料,而且要正确解释包括说话人和听话人的内在语言能力。在第三平面,亦即最高平面上,描写充分的语法揭示语言能力之后,还要与普遍语法联系起来,才能与人脑的初始状态联系起来,才有可能去揭示人的认知系统。在把许多语言描写充分之后,要进一步概括出人类语言的普遍特征,才能探索包含普遍语法的人脑初始结构。在一定意义上讲,语言学家进行的工作恰恰与儿童获得其母语的程序相反。儿童是从普遍语法发展为个别语法的,而语言学家则要从个别语法中找出普遍语法来。

跟布龙菲尔德的发现程序不同,乔姆斯基坚持"假设—演绎"的方法。这种研究方式被称作"评价过程"。乔姆斯基深信,虽然结构主义语法的直接成分(IC)分析模式能够揭示某些结构特征,但是仍然有着严重的缺陷。比如,此分析不能恰当地解释 John is easy to please 和 John is eager to please 的不同,也不能区别 Visiting relatives can be tiresome 的两种不同解释,也不能区分 John saw Mary 和 Mary was seen by John 之间的不同。把 John saw Mary 转换为 Mary was seen by John 的过程可以用这样的数学公式表示:

$$NP_1 + Aux + V + NP_2 \rightarrow NP_2 + Aux + be + en + V + NP_1$$

这样,转换生成语法不但能描写句子的表面结构,还能解释句子的内部语法关系,因此比直接成分分析更接近语言的真相。

6.3 古典理论

乔姆斯基的古典理论,目标是把语言学当做一门科学。这套理论也叫第一语言模式,有三个特征:(1)强调语言的生成力;(2)引入了转换规则;(3)不考虑语义的语法描写。这三点分别见于乔姆斯基的

《句法结构》。这个期间他受了雅各布森和哈里斯的影响。雅各布森当时主要研究语音的普遍规律,认为世界上诸多语言不同的语音结构只不过是一个共同潜在结构上的表面差异。尽管雅各布森的论述主要是语音结构的普遍性,但他相信该方法可以用在语言结构的其他层面。

在雅各布森理论的影响下,乔姆斯基试图用同样的方法找到句法的普遍性特征,而且使自己的假设在内容和深度上高于雅各布森的音系普遍性理论。因此,在他展示不同语言中相似的句法结构之前,他必须告诉我们怎样才能界定一种语言的句法。

乔姆斯基用了数学家的方法展示这一问题。我们可以想象在一张绘图纸上有一个坐标,x轴和y轴交汇点是0,以此为中心,半径是5厘米或任何单位画圆。我们可以把这个圆看作一系列无穷的几何点。例如,一个$x=-5,y=0$的点在这个圆上,而$x=4,y=4$的点就不在这个圆上。不仅这张绘图纸上有无穷的点,而且这个圆上也有无穷的点数。虽然我们可以把这个圆看作无数个点,但这个圆是被$x^2+y^2=5^2$这个方程限定了的。任何其他的选择都会出现在这个圆内或圆外。

因此,乔姆斯基提出,我们应该从句法角度出发,把语言看做词典中一组包含所有可能序列的群。(−5,0)在这个圆上,(4,4)不在这个圆上。用乔姆斯基的话来说,这些序列的前一类是"符合语法的"或"规范的"(well-formed),后一类"不符合语法"或"不规范"(ill-formed)。不符合语法的句子用星号(*)表示。

任何一种语言里,符合语法的句子肯定不计其数。比如英语里,两个陈述句可以用 and 连接起来组成第三个句子,原则上组成这类句子的方式是无限的。但同时我们也不应该盲目相信所有符合语法的句子都符合规范。符合语法性(grammaticality)取决于人的思维活动,而不是声音序列里的物理存在。不过,符合语法性作为规范这一概念,很有用处。

一个句子符合规范,仅仅意味着有一个待发现的命题。乔姆斯基要解决的问题是,找出语言中能生成一类符合语法的语素序列(morpheme-sequences)的形式方法,如$x^2+y^2=25$能生成一组构成一个圆的点。由于"生成"是一个数学术语,乔姆斯基的句法研究方法被称作"生成语法"。

乔姆斯基提出了三种语法:有限状态语法(finite state grammar)、短语结构语法(phrase structure grammar)、转换语法(transformational grammar)。他首先认为有限状态语法有问题。语法应该是有限的,也就是说,语法不能单纯地是所有语素序列的列表,因为这些序列是无穷尽的。设想我们有一台机器,它可以表示一系列有限状态中的任何一个状态,并且当这台机器从一种状态过渡到另一种状态,就产生一个信号(一个词)。这些状态中的一个是初始态,运行经过一系列状态,在结尾态停止。那么我们把词的序列称为一个"句子"。每一台这样的机器都界定了一种语言。能用这种机器产生出来的任何语言,我们称之为有限状态语言,我们把这种机器称为有限状态语法。在有限状态语法里,我们可以把 the man comes 和 the men come 用图来表示:

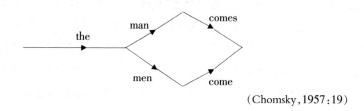

(Chomsky,1957:19)

还可以通过加上封闭圈(closed loop)扩展这种语法以让它生成无数个句子:

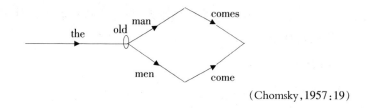

(Chomsky,1957:19)

这样,我们就可以把说话的人当做这样的机器,认为他在生成一个句子时从初始状态开始,先生成句子的第一个词,紧接着进入第二个状态,而第二个状态又限制着第二个词的选择,等等。他经过的每一个状态,都代表了话语中限制下一个词的语法限制规则。

有限状态语法是一种最简单的语法,它用有限的装置可以生成无限的句子。但是这些句子的结构都很简单。我们可以用下面的例子证明有限状态语法是不充分(inadequate)的:

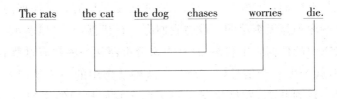

还有比这个更复杂的句子。英语不是有限状态语言,不可能建构出观察充分的属于有限状态语法的英语语法。乔姆斯基设计这种语法的目的是展示按从左到右这个顺序来组织语言的缺陷,而且这个过程不能用来研究自然语言。因此乔姆斯基认为有必要制定出这样一种语法,即只用有限的几条规则就能生成语言中所有合乎语法的句子,而绝不生成任何不合语法的句子。那么,语法就是一个用有限数量规则生成无限数量句子的系统。并且,这些规则必须有这些特点:(1)生成性(能自动地生成合乎语法的句子);(2)简单并且形式化(生成句子时要能用符号和公式来表示);(3)要明确而且准确(不能模棱两可);(4)详尽无遗(要尽量概括所有语言事实,不遗漏任何东西);(5)递归性(规则要能重复使用,以生成无限的句子)。

这就是乔姆斯基提出的"短语结构语法"。它只由短语结构规则组成,把成分结构分析的一些传统思想形式化之后得到的。短语结构语法比有限状态语法具有更大的生成能力,可以生成后者无法处理的句子。短语结构规则如下:

(1) S→NP + VP

(2) VP→Verb + NP

(3) NP→NP (singular)

　　　 NP (plural)

(4) NP (s)→D + N

(5) NP (p)→D＋N＋s
(6) D→the
(7) N→{man, ball, door, dog, book, ...}
(8) Verb→Aux＋V
(9) V→{hit, take, bite, eat, walk, open, ...}
(10) Aux→Tense (＋M) (＋have＋en) (＋be＋ing)
(11) Tense→Present
　　　　　　　Past
(12) M→{will, can, may, shall, must}

箭头表示"可以被改写为"。短语结构规则又被称为改写规则。一个句子的改写过程就是把它从一种符号改写成另一种符号的过程。例如,为了生成 The man hit the ball 这个句子,我们必须使用这些规则并用括号来表示：

(NP(Det(the)N(man))VP(V((hit)NP(Det(the)N(ball))))

或用树形图表示：

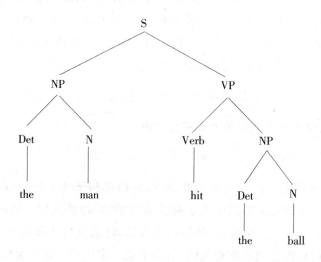

加括号法运用了数学原理。式子 $x(y+z)$ 和 $xy+z$ 是不同的,运算顺序不一样,所得的结果也不一样。同样,(old men) and women 和 old (men and women)也不一样。这个办法比直接成分分析法好,在于它清楚地表明了（1）词类（有时还表明数、时态和结构）；（2）短语的范畴和构成；（3）短语与短语之间的关系。树形图也有同样的功能。它是一个等级系统，成分之间的关系非常清楚：man（属于 NP）只有通过同一个节点(node)才能与 hit（属于 VP）发生关系。

  短语结构语法比有限状态语法威力更大。尽管如此，乔姆斯基还是列出了三个局限性。第一，短语结构语法不能处理两个独立句子组成的句子。当(1) the scene—of the movie—was in Chicago 和(2) the scene—of the play—was in Chicago 结合成 The scene—of the movie and of the play—was in Chicago 时，规则就无能为力。因此，这种语法不适合于描写英语动词。第二，短语结构语法描写英语动词的时候，有很多因素需要考虑，其中助动词是最复杂的。要把这些问题考虑到，规则就会太复杂。第三，短语结构语法在处理主动语态和被动语态的关系时，本身有缺陷。比如，在被动结构中，必须考虑一个 be ＋ en 的结构。这个动词必须是及物动词，而且 be ＋ en 后不能跟名词短语。因为不能说 *Lunch is eaten John 这样的句子。当有介词短语 by＋NP 出现时，be ＋ en 必须在其前面，以避免出现 *John is eating by lunch 这样不符合语法的句子，或出现另外一种像 John is eating by candlelight 这样正确的句子。实际上，有规则来限制这种情况。当下面这个句子符合语法时，

    NP_1 ＋ Aux ＋ V ＋ NP_2

那么，与其相对应的句子形式就符合语法：

    NP_2＋ Aux ＋ be ＋ en ＋ V ＋ by ＋ NP_1

虽然这条规则可以省去很多麻烦，但短语结构语法不能包含这条规则。因此乔姆斯基感到应该还有其他规则，即转换规则。因此，第一语言模式包含了三个成分：短语结构规则、转换规则和形态语音规则。短语结构规则也叫做改写规则，可以生成一串语素。这个生成的语素串可以是正确的，也可以是不正确的。正确时，转换规则被用来增大或减小语素的数量或改变其序列。形态语音规则可以让我们把形态表达改写成语音(音系)表达。

乔姆斯基列出了 16 种转换规则。例如,英语基本上都是依靠 no 构成否定形式的,其出现规律如下:

(1) <u>She</u> <u>might</u> <u>not visit us today</u>.
(2) <u>John</u> <u>has</u> <u>not finished his work</u>.
(3) <u>Jane</u> <u>is</u> <u>not reading</u>.
(4) <u>He</u> <u>didn't</u> <u>kiss his mother</u>.
　　1　　2　　　3

每个句子的第一个部分是名词短语 NP,第二个部分用 C 表示(分别是情态动词 M、have、be、do,以及各自的时态)。这些句子可以分析成 C ＋ M、C ＋ have、C ＋ be、和 C＋do。否定形式后的成分没有什么重要意义,就用删除号(—)表示。

　　结构分析: NP－C ＋ M...
　　　　　　 NP－C ＋ have—...
　　　　　　 NP－C ＋ be—...
　　　　　　 NP－C ＋ do—...①

把每个句子的三部分用 X_1,X_2,X_3 表示,否定的转换规则就是:

　　结构变化:$X_1 － X_2 － X_3 \rightarrow X_1 － X_2 ＋ n't － X_3$

另一条规则"添加 do"必须加上: ♯Af → ♯do ＋ Af (Af:词缀)
　　这是一条常用的规则,如一般疑问句的转换:

　　结构分析: NP－C－V...
　　　　　　 NP－C ＋ M...
　　　　　　 NP－C ＋ have—...
　　　　　　 NP－C ＋ be—...

　　结构变化:$X_1 － X_2 － X_3 \rightarrow X_2 － X_1 － X_3$,如:

Did he kiss his mother?
Might she visit us today?

---

① 乔姆斯基原书中用"NP－C－V..."。

Has John finished his work?

Is Jane reading?

乔姆斯基把转换规则区分为两种：一种是"强制"的(obligatory)，一种是"选择"的(optional)。助动词转换和小品词(particle)转换是强制性转换，而否定转换、被动转换等是选择性转换。句子类型之所以不同，就在于它们经过了不同的转换程序。依照乔姆斯基的说法，下列八个句子就是经历了不同的转换：

(1) The man opened the door.

(2) The man didn't open the door.

(3) Did the man open the door?

(4) Didn't the man open the door?

(5) The door was opened by the man.

(6) The door was not opened by the man.

(7) Was the door opened by the man?

(8) Wasn't the door opened by the man?

第(1)句只经过强制性转换，像这种简单的、主动的、肯定的陈述句叫做"核心句"(kernel sentence)。接下来的第(2)句经过了否定转换，第(3)句经过了疑问转换，第(4)句经过了否定疑问转换，第(5)句经过了被动转换，第(6)句经过了被动否定转换，第(7)句经过了被动疑问转换，第(8)句经过了被动否定疑问转换。这八种句型派生于同一个深层结构。

古典理论是把语言描写推向形式化的开端。只有通过形式化的描写和分析才能使语法具有简单、明确、递归和循环的特性。乔姆斯基强调了语言的解释力，即不仅要描述语言事实而且要做出合理的解释，这才是语言理论的目的。然而，尽管他借用了数学符号并简化了操作程序，但这套理论还是存在缺陷。

6.4　标准理论

乔姆斯基的《句法理论的若干问题》(1965)标志着标准理论时期

的到来。在《句法结构》出版之后,乔姆斯基发现有几个严重问题必须得到解决,否则难以达到他的理论目标。第一个问题是转换规则的力量过于强大。一个普通的句子可以随意地被改变,可以进行否定转换,可以进行被动转换,可以增加成分,也可以减少成分,都没有任何限制。1963年,语言学家卡茨(J. Katz)和波斯塔尔(P. M. Postal)指出,转换不应该改变句子的意义;卡茨又区分了深层结构和表层结构,乔姆斯基接受了他们的看法。第二个问题是,乔姆斯基的规则在生成规范正确的句子的同时也可能生成不合格的句子。例如,在规则S→NP + VP 和 VP→V+NP 的作用下,可能生成下面两个句子:

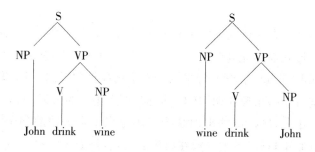

这就说明,动词和名词之间有着某种选择规则。第三个问题是,被动语态的转换规则不能随意运用。英语中有些动词没有被动结构。我们可以说 John married Mary,但 Mary was married by John 的意思则不同(也就是说,约翰是个牧师,为玛丽主持了婚礼)。我们可以说 John resembles his father,却不能将之转换为 His father was resembled by John。这些事实表明转换规则尚不能普遍应用。在标准理论时期,乔姆斯基提出,转换规则的运用不能改变原句的意义,而且名词一定要受动词的限制。

乔姆斯基在其《句法理论的若干问题》中提出了新的语法模式,把语义部分加入语法体系。他说,生成语法应该包括三大组成部分:句法部分、语音部分和语义部分。句法部分可以叫基础部分,它包括改写规则和词库(lexicon)两部分。改写规则生成句子的深层结构,转换规则再把深层结构变成表层结构。语义部分在深层结构层次上做出语义表达,语音部分对表层结构做出语音表达。三部分的关系可以图示如下:

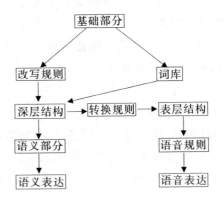

标准理论在古典理论的基础上作了重大改进。第一,转换只能改变句子的形式而不允许改变意义。第二,为了从规则中剔除生成类似 Wine drinks John 的句子,标准理论有了选择性的限制,用来确保有生命的名词(John)出现在动词(drink)前,而无生命的名词(wine)出现在动词后。第三,转换中的限制是为了不生成不合语法的句子。第四,在改写规则里,符号 S 被置放在箭头的右边,例如 VP→V+S 和 NP→NP+S,意味着这些句子是可以嵌入的。通过这种方法,标准理论不仅可以概括简单的句子,而且可以概括复杂的句子:

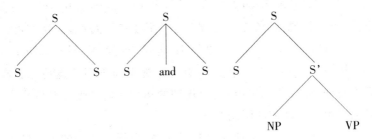

第五,规则得到正确排序,并且在规则运用上也有固定的次序。这样,先使用哪条规则后使用哪条规则会有很大的不同。例如,反身形式规则规定,在简单句中出现两次的名词,第二个应使用反身形式(John kills John = John kills *himself*);而祈使句规则规定,祈使句中动词前的名词应该去掉(You come here! = Come here!)。很显然,在一个简单句中,反身形式规则最先被使用(John kills John→John kills himself);而祈使句规则由于 John kills John 不是祈使句,不能转换为 * kills John 或 * kills himself 等形式而不被使用。同样,在祈使句中,祈使句规则首先得到运用,反身形式规则因为名词(you)在 You come here! 中并未出现两次而不用。

6.4.1 基础部分

乔姆斯基把基础部分的规则总结如下:

(1) S→NP ⌒ Predicate-Phrase

(2) Predicate-Phrase→Aux ⌒ VP (Place) (Time)

(3) VP→ {V { Copula Phrase / (NP) (Prep-Phrase) (Prep-Phrase) (Manner) / S' / Predicate }}

(4) Predicate→ { Adjective / (like) Predicate-Nominal }

(5) Prep-Phrase→Direction, Duration, Place, Frequency, etc.

(6) V→CS   (complex symbol)

(7) NP→(Det) N (S')

(8) N→CS

(9) [+ Det ___]→[±Count]

(10) [+ Count]→[±Animate]

(11) [+ N, + ___]→[±Animate]

(12) [+ Animate]→[±Human]

(13) [−Count]→[±Abstract]

(14) [+ V]→CS/α ⌒ Aux ___ (Det ⌒ β) } α and β are Nouns.
(15) Adjective→CS /α ... ___

(16) Aux→Tense (M) (Aspect)

(17) Det → (pre-Article ⌒ of) Article (post-Article)

(18) Article→[±Definite]

古典理论中的短语结构规则是改写规则的集合,规则没有顺序,也不生成真实的句子。标准理论里的规则按次序排列,而且在短语结构规则限制下只能生成有限数量的基本话语串。与古典理论不同的是,标准理论采用了复杂的象征性概念并专门处理了词库。词库部分中的再分类规则和选择规则可以保证动词和名词的正确搭配,这样就不会生成* The stone is married 这样的句子。古典理论中,箭头的右边没有 S,与其短语结构规则相比,新的模式更为复杂:

$$VP \rightarrow \begin{Bmatrix} NP \\ S' \end{Bmatrix}$$

$$NP \rightarrow (Det) \ N \ (S')$$

由此来看,句子会更复杂。主语可以是一个名词加一个句子,宾语可能是一个名词或名词加上一个句子。从理论上讲,一个句子可以无限延长。

6.4.2 词库

在词库里,每一个词汇构成都与一套句法特征相联系(如 boy 有 [+human] 和 [+common] 的属性)。代表词汇范畴的标记会被规则分析成复杂标记(complex symbols, CS),每个复杂标记都是一套明确的句法特征,如:

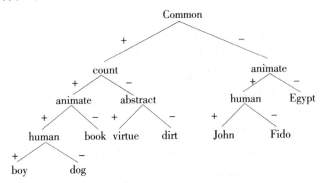

在表达过程中,每一个节点(node)都标注了一个特征,连线被标记为＋或－。可以表示如下:

		boy	girl
(1)	N→ [+ N + animate, + common]	[+ animate]	[+ animate]
(2)	[+ common]→[+ count]	[+ human]	[+ human]
(3)	[−count]→[+ abstract]	[+ male]	[−male]
(4)	[+ animate]→[+ human]	[−adult]	[−adult]

把词库与改写系统分开有很多好处。比如，词库中的很多构成成分的语法属性可以直接标记，从而不需要在改写规则中表达出来。由于这些属性与基础部分的规则没有任何关系，如果把它们从改写规则里去掉而只列在最自然的词条中，语法就会简单得多。

尽管乔姆斯基在《句法理论的若干问题》中涉及了语义问题，但他并没有完全解决。由于语义解释取决于深层结构，乔姆斯基提出了两个概念：关系概念和语类概念。实际上，语义是标准理论的中心问题。乔姆斯基要解决的是这个问题，也正因为这个问题没有解决而受到批判。

6.5　扩展的标准理论

在扩展的标准理论里，乔姆斯基对标准理论进行了两次修正。第一次修正被称为"扩展的标准理论"(EST)。第二次修正被称为"修正的扩展标准理论"(REST)。人们把这两次修正统称为"扩展的标准理论"(EST)。

尽管标准理论已经对古典理论进行了修正，但是仍有很多问题需要解决。第一，转换规则仍然力量过大，可以移动语言片段，可以删去语言片段，可以改变语类，可以保持原义不变，还可以根据具体情况随机变化。第二，标准理论认为，派生名词（如 criticism 和 explanation）与相关动词具有相同的语义属性，所以下面的句子都是古怪的句子：

(1) *The square root of 5's criticism of the book.
(2) *The square root of 5 criticised the book.

后来发现，派生名词和动词的相关关系很不规则：不仅句法特性不一样，音位关系和语义关系也不规则，派生规律很难概括。第三，标准理论认为语义解释取决于深层结构,转换过程保持语义不变。后来发现这是不可能的,任何转换都必然会改变意义。例如,(3)不同于(3'),(4)不同于(4'):

    (3) Everyone loves someone.

    (3') Someone is loved by everyone.

    (4) Tom doesn't go to town very often.

    (4') Very often Tom doesn't go to town.

乔姆斯基承认,句子经过转换后会改变其前提预设,如:

    (5) Beavers build dams.

    (5') Dams are built by beavers.

这两个语串的意思大不相同,(5)重在说明 beavers 的特性,而(5')则重在说明大坝的特征。第四,标准理论不能解释带有空缺的结构,如:

    (6) John ate some spaghetti, and Mary some macaroni.

根据删除规则,句子中的第二个 ate 可以省略。但这个规则只能在语义解释之后运用。因此,这就与标准理论相悖。第五,考察更多句子结构类型后发现,要杜绝生成不符合语法的句子,很多转换规则必须有复杂的限制规则。一方面,对一些普遍性现象应该只有一个转换规则,而另一方面,又有很多例外必须得到限制。例如,在下列句子结构中,有很多动词可以出现:

    (7) John gave a book to Mary. (____ NP PP)

    (8) John gave Mary a book. (____ NP NP)

同时,很多动词只能出现在下面两种结构的第一种里:

    (9) John donated a book to Mary. (____ NP PP)

    (10) *John donated Mary a book. (____ NP NP)

因此,被转换的部分成了一套规则以及一套限制规则的条件。一旦要在限制规则中找到普遍性的特征,新的规则又出现了。

在第一次修正标准理论时,乔姆斯基把语义解释部分移到表层结

构里。以逻辑成分的语类为例,下列两句话

(11) Not many arrows hit the target.

(12) Many arrows didn't hit the target.

的深层结构是 NOT [many arrows hit the target]。通过转换,这两个句子由于逻辑成分 not 的关系而发生语义上的差异。这说明,语义解释在表层结构中的确起着作用,但乔姆斯基还是相信,语义由深层结构决定。

第二次修正涉及整个理论框架,可用下图表示:

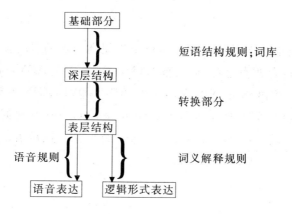

最显著的变化是,乔姆斯基把语义解释完全放在表层结构里。因而,从语义解释规则里便派生出逻辑形式表达,语义问题就不再是句法范畴的问题了。

"基础部分"最大的变化是用 X 杠理论取代了短语结构规则。短语结构规则的改写规则里,动词短语 V + Comp(lement)可以被写成 VP→V Comp。同样,名词、形容词、介词加 Comp 可以写成 NP→N Comp,AP→A Comp,和 PP→P Comp。在扩展理论模式里,乔姆斯基把它们写成 XP→X Comp,这个 X 可以取代任何项:V,N,A,P。树形图如下:

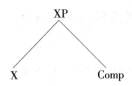

乔姆斯基继而把 XP 写成 X。为了区别不同层面,给高层级的 X 加上横杠,以上图就可以改写为

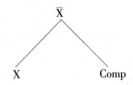

X 杠理论包含的语类要比短语结构规则包含的多得多。短语结构规则只包含两类范畴:词汇范畴(N, V, P, A, ADV, Q, AUX, DET 等)和短语范畴(NP, VP, PP, AP, ADVP, QP, S 等)。而 X 杠理论还包含着"中间语类"(intermediate categories),比词汇范畴大但比短语范畴小。如:this very tall girl 是一个名词短语。根据短语结构规则,其内部结构应该是:

(13)

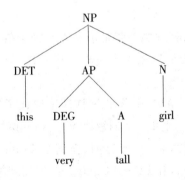

AP＝Adjectival Phrase;DEG＝Adverb of Degree;A＝Adjective
　　(形容词短语)　　　　(程度副词)　　　　(形容词)

因此这个短语不可能是一个成份或语类。但是根据 X 杠理论,very tall girl 是一个成分,而且上图的分析有错误,因为 AP-N 的序列可以与另

一个 AP-N 的序列并列,像这样的语符串是一个成分或语类。如:

(14) A. These <u>very small men</u> and <u>very short women</u> don't get on.
　　　B. Mary is a <u>very pretty girl</u> and <u>very good cook.</u>

该 AP-N 序列可以是另一个代形式 one 的先行词,也只有一个成分可以担当这个角色。在 I like this very tall girl more than that one 中, one 可以指 very tall girl 也可以指 girl。可能是 I like this very tall girl more than that very tall girl,也可能是 I like this very tall girl more than that girl。这就表明,very tall girl 是一个成分,但既不是 N 也不是 NP——不是句子的主语也不是宾语。因此,very tall girl 是一个比 N 大但又比 NP 小的一个语类。

X 杠理论能补救短语结构规则,因为它有以下语类:

(1)　　　(2)　　　(3)　　　(4)
 X　　　 X̄　　　 X̄̄　　　 X̄̄̄

第一个语类叫 X^0;第二个叫 X^1;第三个叫 X^2;第四个叫 X^3,以此类推。X 是一个语类,并且是变化的,代表着词汇范畴里的任何一个语类,如 N, V, A, P, 等。

短语范畴可以用带两条杠的 X̄̄ 或 X^2 来表示,词汇范畴用不带杠的 X 或 X^0 表示,中间语类用 X̄ 表示。

按照这个理论,this very tall girl 可以用下图表示:

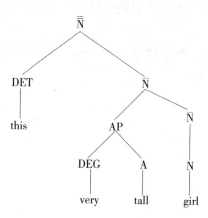

由于 very tall girl 和 girl 都可以被 one 代替,所以它们用 N 代表。

X 杠理论的一个优点是可以解决歧义的问题。比如,用扩展标准理论之前的短语结构规则树形图,the French king 只能被解释为 the king who is French。但 X 杠理论可以揭示出另一种意思:the king of France。两种解释图示如下:

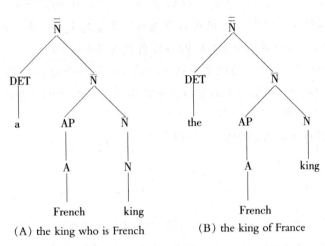

(A) the king who is French　　(B) the king of France

两个图之间的差异是带杠的 N (king) 和 AP (French) 不在同一个层面上。在(A)里,带杠的 N 与 AP 处在同一个层面上,是并列关系。但在(B)里,带杠的 N 和 AP 不在同一个层面上,带杠的 N 高于 AP,French 处在从属地位,限定 king。虽然 king 在(A)和(B)中都得到限定,但在(A)中是第三个层面带杠的 N,在(B)中是第三个层面不带杠的 N。

X 杠理论还可以揭示诸如 a student with long hair 和 a student of physics 这样的短语,如:

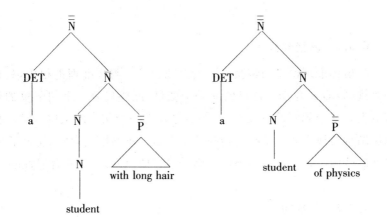

两个短语之间的区别在于,左图中 student 是带杠杆的 N,在右图中是不带杠的 N。虽然 student 在左图中可以用 one 替代,但在右图中不能同样替代。

  传统语法把名词和动词当做不能再细分的东西,但 X 杠理论把名词、动词、形容词、介词当做特征群对待。如 N = [+N,−V],V = [−N,+V],P = [−N,−V],A = [+N,+V]。另外,[±AUX] 可以用来区分动词和助动词,[±PRO] 用来区分代名词短语(pronoun phrases)和非代名词短语(non-pro-noun phrases),[±LOC] 用来区分处所介词和非处所介词,[±Dir] 用来区分方向性介词和非方向性介词。这些规则比标准理论中的规则能更简洁地表明语类之间的相似和不同之处。分析也有更大的解释性,这样就可以让我们总结出语言的普遍性特征。

  在扩展标准理论里,词库的内容更多,包含了语言里所有的词汇。该词库有两个部分:词条(lexical entry)和冗余规则(redundancy rules)。词条包括一个词汇项的所有句法、语义、语音和形态属性。有了冗余规则,词汇项的例外情况就可以得到标注。例如:

  V:+ [＿＿ NP to NP]→[＿＿ NP NP]

但是,有些动词是例外(如 donate)。当例外情况得到标记时,规则就叫冗余规则。

6.5.1 转换部分

扩展标准理论里的转换规则大大减少了。与标准理论相比,只有一个规则,即 α-移动。这里的 α 是个变量,能够代表一个句子里的任何语类。这个规则的意义在于,能通过移动一个句子的某些语类而把深层结构转换为表层结构。转换的条件是一系列限制规则,规定了 α-移动的范围。转换规则和限制规则是语言的总原则,是有普遍性的。

6.5.2 α-移动

只有两种转换:NP-移动和 WH-移动。这两种移动都取决于"空节点"(empty node)的概念。NP-移动与 WH-移动不同,在深层结构中把 NP 从一个位置移动到另一个位置。如 This book was read by that student 的深层结构是

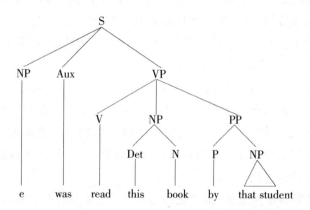

图中的 e 代表一个"空节点"。NP 被移动到主语位置的空节点上,留下一个用 t 表示的"语迹"(trace)。那么,这个句子就可以转换为

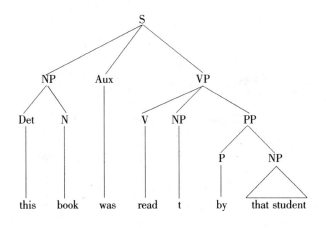

WH-移动就是把 Wh-短语从一个位置移动到另一个位置。例如，Your father will put which car in the garage? 可以通过把短语 which car 移动到句子的开头而转换成 Which car will your father put ____ in the garage? 其中有一个空节点"____"表示 Wh-短语原来的位置。很明显，深层结构中的该 Wh-短语被移动到了句子开头。

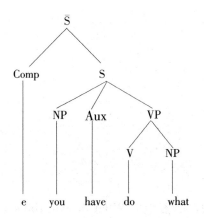

可以被转换成

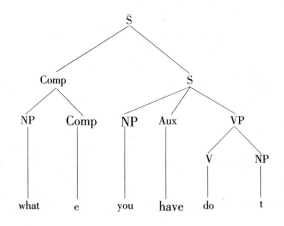

WH-移动有一定次序:规则最先使用于最小的单位,以此递增,如下图:

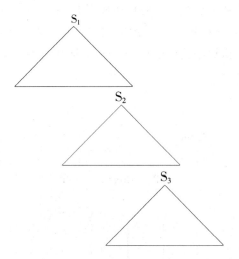

假设把顺序颠倒过来,要生成 What do you think he meant? 这个句子,就必须有四个转换过程:

(a) comp you do think [s comp he meant what]

(b) comp you do think [s what he meant t]

(c) what you do think [s t he meant t]

(d) what do you think [s t he meant t]

扩展标准理论常常生成不符合语法的句子,因此必须有转换条件。这些限制条件是为了限制转换规则的生成力,以确保语法只生成规范的句子。转换条件包括14条原则或限制规则,由于太繁琐,暂不详细介绍。

格部分(Case Component)包括两个内容,格标记规则(case-marking rules)和格过滤器(case filters)。格标记规则有两条:固有格标记规则和结构格标记规则。固有格标记规则给基础部分的 NP 以格的形式,当两个名词短语（NP_1 和 NP_2）充当动词的宾语时,NP_2 的固有格特征为[+Objective]。如:

John gave [NP_1 Mary][the book]
　　　　　　　　　NP_2[+Object]

结构格标记规则决定了表层结构中 NP 的格形式。英语中大多数 NP 的格形式都是属于结构类的。也就是说,几乎所有 NP 的格形式都是由句子结构决定的。例如,上句话转换成 Mary was given the book 时,[NP_1 Mary] 被给予[+Nominative]（充当主语)的属性特征。但是,在 John saw Mary in the street yesterday 中,Mary 的属性特征成了[+Objective]（充当宾语)。

格过滤器理论有四条原则:(1)格过滤器要求句子中所有明显的 NP（即具有语音内容)必须有格标记,否则句子就不符合语法。例如,*John tried Mary to leave 不符合语法,因为 VP 的结构是[$\bar{X}$ Mary to leave],其中 Mary 被带杠的 $\bar{S}$ 和 tried 阻断,不能管辖 Mary,所以没有格形式。(2)格冲突过滤器(case conflict filter)要求明显的 NP 不能同时具有两个格形式。例如,在 I bought a book 里,book 只能有一个格,即[+Objective],任何情况下都不能同时也有主语的格[+Nominative]。(3)使用 PRO 是为了表示线性序列的句子中不同成分之间潜在的逻辑关系。PRO 是一个空的代名词性 NP,有人称、数和性的特征,但不是一个词项,由于不受任何语类管辖,所以没有格形式,只与明显的词汇性 NP 成互补关系。如 John tried to frighten Mary 中,to frighten Mary 里没有空缺的代名词性 NP 主语,只能用 PRO 代表。

comp John tried [S̄ comp PRO to frighten Mary]

PRO 与 John 之间潜在的逻辑关系是,John 是控制者或先行词,PRO 是被控制者。在下面的句子中 PRO 受不同东西的控制:

It's not easy PRO to learn English. (＝It's not easy for people to learn English.)

John promised Bill PRO to leave. (＝John promised Bill that he would leave.)

John persuaded Bill PRO to leave. (＝John persuaded Bill that he should leave.)

(4) NP 语迹过滤器原则要求 NP-移动后留下的语迹不能有格标记,如:

John$_2$ seems [s [NP$_2$ e] to like Mary]

John$_2$ was criticised [NP$_2$ e]

总的来说,表层结构中除 PRO 外的所有 NP 都必须有格形式,但一个 NP 不能同时有两种格形式,而且 NP 语迹没有格标记。

6.5.3 逻辑形式

逻辑形式(LF)实际上是扩展理论的语义部分,表示一个句子的语义内容。这里的逻辑形式只指纯语法结构所决定的那部分语义内容,而不是语言中所有的成分。乔姆斯基不相信语法规则可以表达所有的语义,认为语言的使用涉及复杂的人类认知系统,而语法仅仅是其中之一。另外,很多因素(如说话人的信念和交往意图)都不在语法的解释力范围之内,因此逻辑形式只表示语法规则提供的那部分语义。

逻辑形式包括一个语义规则和一些限制条件:指数规则(Indexing Rule)和约束条件(Binding Conditions)。逻辑形式的输出是语义表达。

指数规则给句子中每个 NP 一个指数(任何一个随意整数)。这一规则决定了一个句子里不同 NP 间的照应(anaphoric)关系,以确定句法结构中的语义解释。乔姆斯基说,NP 可以分为三类:照应词、代名词、词汇性 NP。

照应词包括互代的 each other 和反身代词 myself，yourself，yourselves，themselves。不论是哪种，都必须有前置词才能符合规则，如：

(a)　John and Mary love each other.
(a')　*Each other love.
(b)　John cut himself while shaving.
(b')　*Himself cut while shaving.

代名词就是人称代词，如传统语法中的 I，he，you，we 等。代名词有照应（anaphoric）和指称（deictic）两种用法。例如 John thinks he is clever，代词 he 可以复指 John 也可以指别人。

词汇性 NP 包括除前两类以外的所有 NP，可以是 the man in the car 也可以是 Leonard Bloomfield。乔姆斯基认为，语义解释理论的核心任务是确定句子中一个 NP 是不是指示另一个 NP。指数规则通过标记揭示了这种关系。当两个 NP 的指数相同时，它们是相互指称关系，否则就不是。如 John$_2$ thinks he$_2$ is clever 不同于 John$_2$ thinks he$_3$ is clever，因为在第一句里的 NP(John 和 he)是相互指称关系而在第二句中不是这种关系。

6.5.4　约束条件

根据指数规则，I$_2$ like yourself$_2$ 中的 NP 可以互指，但实际上 I 和 yourself 不能互指。为了杜绝这种错误，乔姆斯基运用了约束条件（语义过滤器）来检查指数规则的输出是否合格。指数规则上共有四个约束条件：匹配条件、照应词约束条件、代名词约束条件、词汇性约束条件。

匹配条件要求，如果给两个 NP 相同的指数，它们应该有相同的特征，如人称、性、数等。这是一个语义过滤器，会把不规范的句子革除掉。比如，John$_2$ hurt him$_2$ 和 John$_2$ hurt him$_3$ 中，him$_2$ 被标记为不复指 John，预示 him 只能被解释为 John 以外的人。

这个条件虽然禁止生成 I$_2$ love yourself$_2$ 这样的句子，但并不禁止生成 John₂ hurt himself₃ 和 John₂ hurt him₂ 这样的句子。因此，乔姆斯基提出了更多的条件——照应约束条件、代名词约束条件、词汇性约束条件。有了这四个条件，指数规则不再生成如 *I₂ love yourself₂ 这样语义不合格的句子。同时，John₂ hurt himself₃ 和 John₂ hurt him₂ 这样的句子，只要其深层结构是 John₂ hurt himself₂，就可以得到语义解释。

扩展标准理论是一项普遍语法理论，其规则和条件是普遍语法的一部分。这些规则不仅仅是对英语语言的描述和解释，而且是对人类语言总的思考。有些规则被认为是人类掌握语法的条件。但乔姆斯基并没有就此罢休，而是继续钻研并提出了管辖与约束理论。

6.6 管辖与约束理论

1980年，乔姆斯基在意大利比萨(Pisa)做了一系列讲座，之后将这些讲座内容结集出版为《管辖与约束理论讲座》(1981)。这也是迄今为止对生成语法理论发展影响最大的一本书，标志着乔姆斯基的转换生成语法理论进入了第四个发展阶段，即"管辖和约束理论"(Government and Binding, GB)时期。

乔姆斯基在书中提出了"原则"(Principles)和"参数"(Parameters)的概念，进一步丰富了扩展标准理论模式的内容，这个模式也被称为"原则与参数模式"。乔姆斯基认为，普遍语法由一系列原则与参数构成。原则固定不变，确定了人类各种语言内在的共性，为各种语言所遵守。参数则决定不同语言的个性。普遍语法是儿童学习语言前的初始状态，接触语料后使原则的参数得以设定，产生一种个别语法，称为"核心"(Core)语法。一门具体语言的语法知识包括普遍语法原则、设定后的参数、词汇知识及该语言特有的外围(Peripheral)信息。

这个理论模式或原则系统包含X杠理论、主位理论、界限理论、管辖理论、格理论、控制理论、约束理论。除了主位理论，其他各项尽管已在扩展标准理论中有所涉及，但在管辖约束理论中又得到了进一步的发展和充分的讨论。

管辖与约束理论把我们的注意力引向了一个新的方向,那就是语言中的"空语类"(Empty Category,EC)。乔姆斯基认为,通过它可以进一步认识语言机制活动的过程。乔姆斯基对探索人类语言本质所做的进一步的努力已经给人以新的启示。虽然尚不能确定这些与空语类相关的原则能否适用于一切语言,以及空语类的性质和类型是否具有普遍性,乔姆斯基和他的追随者仍在继续修正和完善。

6.6.1 普遍语法与核心语法

乔姆斯基认为,普遍语法是知识体系(即语言或"语法")与人类经验(实际言语)之间的一个中介成分。具体的自然语言之复杂本质可以通过普遍语法而得到。他认为,普遍语法是语言学的总理论,可以包含在扩展标准理论框架里,即

$$
\text{语法} \longrightarrow \text{S 结构} \begin{array}{c} \xrightarrow{\text{指定}} \text{PF(语音形式)} \\ \xrightarrow{\text{指定}} \text{LF(逻辑形式)} \end{array}
$$

根据这个模式,语法生成了无限数量的抽象结构,过程是:基础→ 生成 →D 结构→ 转换 →S 结构。然后,从 S 结构出发,有两条并行的过程:

(1) S 结构→ 语音输入 —— 语音规则 →表层结构
                                        (语音形式)

(2) S 结构→ 语义输入 —— 语义规则 →逻辑形式
                                        (语义表达)

S 结构不是表层结构,因为它包含了"语迹",比表层结构更抽象。S 结构决定语音形式和逻辑形式。普遍语法的理论阐述了三种表达形式:S 结构、语音形式(PF)和逻辑形式(LF)。也就是说,语法规则生成 S 结构,PF 规则以语音形式实现了 S 结构,LF 规则以逻辑形式实现了 S 结构。

普遍语法中的三个基本组成部分(语法、语音形式、逻辑形式)都

有"移动-α"(move-α)的规则,其中"-α"代表一个语类。比如,语法中有 NP 的移动规则,语音形式 PF 中有重音移动,逻辑形式 LF 中有数词移动。因此,语法中的"移动-α"规则是一条转换规则。

普遍语法里,语音与意义由 S 结构连接,这个系统就是语言的机制,也是人的心智,是一个认知系统。乔姆斯基普遍语法的意义在于探索人的认知活动,其中人的语言机制是一个很重要的方面。

核心语法是具体自然语言的语法,由普遍语法加上一些参数构成。如:

(1) S→(NP) INFL VP

(2) S→NP INFL VP

在(1)和(2)里,INFL 代表屈折语类(inflectional categories),其值是[±tense]。[+tense]代表"限定词",[-tense]代表"不定词"。规则(1)表示,这种语言里的 NP 是选择性的,而规则(2)表示这种语言里 NP 是强制性的。也就是说,规则(1)表示,这种语言里的主语可以省略,而规则(2)表示,这种语言里的句子必须有个主语。

核心语法理论说明,乔姆斯基想建立一套共有的、普遍的语言原理的"核心"来描述自然语言中的所有语法现象。任何与这些总原则相匹配的规则都是"核心语法规则",反之则不是。

6.6.2 规则系统

普遍语法包含一个规则系统和一系列原则。规则系统又包含了三个基本部分:(1)词库;(2)语法成分(由语类部分和转换部分构成);(3)解释部分(由 PF 部分和 LF 部分构成)。词库指派每一个词项的属性,包括语音形式和语义特征(规则标明的除外)。同时也给结构中的核心成分指派了主位标记(thematic marking,θ-marking)的属性。比如,persuade 是 VP 中的核心成分,就指派一些语类来充当其主位角色(θ-roles),如宾语或从句的补语。

管约理论的规则系统有两个显著特点:(1)S 结构更为抽象;(2)语法部分里的移动"移动-α"规则取代了以前模式中的转换规则。

6.6.3 原则系统

管约理论里的另一个子系统是原则系统,包含六个部分:θ-理论、格理论、约束理论、界限理论、控制理论、管辖理论。在此仅作简要介绍。

θ-理论:句子中的一些成分有主位角色,如动作的执行者和动作的对象,其位置叫做"主位"(theme)或 θ,其功能叫做"主目"(argument)。这个理论中最基本的原则是 θ-标准,要求每一个主目必须也只能有一个主位角色,而且每一个主位角色必须也只能有一个主目。例如,Mary seems to be sad 的逻辑形式是"seems(sad(Mary))"。主位标准只给了 Mary 主位角色,即主目。这个逻辑形式只有一个主位角色,即动作执行者。一般地,名词短语和代词可以是主位,而非主目(如 it, there 等)和惯用词组(如 very well, too much 等)不具备 θ-角色。管约理论中,某一个原则在什么层面上使用,是很重要的。因此,S 结构与逻辑形式之间的关系是 S 结构与指派主位角色的关系。主位标记把词库中的某些词项的语法属性投射到 D 结构中,所以说,θ-理论与投射原则有关。

格理论有三条原则。第一条原则是,当一个格由语境来决定,就叫"结构格"。例如,一个 NP 受一个管辖"____ NP"的动词(即及物动词)管辖,那就是宾格。第二条原则是,[-N]管辖词的属性决定了 NP 有"固有格"。例如,John gave Bill a book 中的 Bill 根据第一条原则获得了一个结构格,a book 根据第二条原则获得了固有格。当这个句子被转换成 John gave a book to Bill 时,短语 a book 根据第一条原则获得了结构格,而 Bill 由于受 to 管辖仍是结构格。第三条原则是,所有的具有语音形式的 NP 都必须有格。有些 NP 的格形式由管辖它们的词汇语类决定。例如,John thought that he left his book on the table 中,John 和 he 都有时态特征[+tense],决定了它们是主语。动词 think 管辖着 that 从句补语。在这个从句里,动词 leave 管辖 his book,那么 his book 就成了宾格。介词 on 管辖 the table,把它指定为宾格。

约束理论有三条原则。第一条,照应词在其管辖语类中受到约束。第二条,代名词在其管辖语类中不受约束。第三条,指称词也不受约束。句子中被约束的成分,有相同的标记,不受约束的成分不受原则限制。如果 β 被 α 限制,而 α 在 A-位置(具有主语或宾语的语法功能),那么就叫做 A-约束。如果 α 受 β 约束,而 α 在 $\overline{A}$-杠位置(非主位位置),如 COMP 的位置上,就叫做 A-杠约束。一般地,受约束就是指,一些成分在某个位置上被 X 限制,这个 X 代表 A 或 $\overline{A}$。

界限理论的主要原则是邻近原则。任何一个移动只能跨越一个界限语类(或语障),如 pictures of several people are for sale which I like 中,which I like 是 α。越过一个界限语类移动后,在 NP 主语的 S 结构中留下一个语迹,[NP[NP picture of several people] t]。因此是规范的句子。否则,就成了 [NP pictures of [NP[NP several people] t]] 这样不规范的结构。

控制理论是为 PRO 选择先行词的原则,说明受什么管辖,例如:

(a) John persuaded Bill [PRO to feed himself]

(b) John promised Bill [PRO to feed himself]

(c) John appealed to Bill [PRO to feed himself]

(d) John pleaded with Bill [PRO to feed himself]

(e) John asked Bill [how PRO to feed himself]

(f) John told Bill [how PRO to feed himself]

(g) It is unclear [how PRO to feed himself]

含有 PRO 的句子在(a)、(b)、(c)、(d)中是陈述句,但在(e)、(f)、(g)中是疑问句。在所有例句中,PRO 都是主语。动词的属性不同,每个 PRO 受到的控制也不同。(a)、(c)、(d)、(f)中的 PRO 受 Bill 控制,而(b)和(e)中的 PRO 受 John 控制。(c)中的 PRO 可以指 John 也可以指 Bill。正常情况下我们应该在从句里找到 PRO 的所指,如果 PRO 不在从句里,只有在从句外找,这叫做"远距离控制"。例如:

(a) They thought I had suggested [PRO feeding each other]

(b) They thought I had suggested that [PRO feeding each other] would be difficult.

(c) They told John that [PRO feeding himself] was impossible.

(d) John told them that [PRO feeding himself] was impossible.

在(a)和(b)中,没有指示物可以控制从句里的 PRO,但可以在从句外找到。在(c)中,控制项是主句的补语 John,在(d)中,控制项是主句的主语 John。

管约理论包含了一些原则,如空语类原则(ECP)。空语类原则在逻辑形式层面上运用,要求每一个语迹(t)必须受到正确管辖。空语类仅仅具有一些特征,并不具备实在的语音内容,只指 PRO 和语迹。乔姆斯基说,提出空语类的讨论有好几个原因。第一,研究这些成分并考察语言的照应词和代名词,是确定语法规则和语义解释性质的最佳途径。第二,这些空语类之所以引人注目,是因为它们的性状用归纳法是无法确定的。

不过,这些原则是否能适用于所有自然语言,是否具有普遍性,还不清楚。1986 年,乔姆斯基又对"原则"与"参数"作了进一步修正和浓缩。他指出,语言中的某些结构具有切断管辖关系和阻断句法移动的特征,这种结构就是语障。语障的概念可将管辖与移动在理论上实现统一。经过修正的"原则与参数模式"与"语言获得"理论的联系更加紧密。简言之,"原则与参数模式"提出了一个假设,即人类的语言只有一种。我们见到的各种语言形式都是同一套词库和运算系统(Computational System,即句法)的产物。

6.7 最简方案

1992 年,乔姆斯基发表了论文《语言学理论的最简方案》(A minimalist program for linguistic theory,后来收入 The Minimalist Program, 1995),使他所开创的生成语法理论进入一个崭新的阶段。

最简方案的产生受到两个相互联系的问题的影响,即:(1)哪些普遍条件是人类语言能力共同满足的?(2)在排除了隐藏在这些普遍条件之后的特殊结构的情况下,语言能力在多大范围内受这些普遍条件的支配?

乔姆斯基认为,人类语言的初始状态是相同的,而获取不同的具体语言的情况则是不同的。普遍语法是学习初始状态的理论,个别语法是关于具体语言获得的理论。语言能力包含一个储存诸如声音、意义和结构之类信息的认知系统,由此表达系统能够重新得到并利用这些信息。他提出一个复杂的问题:语言能力究竟是如何组织的?

他假想了一个实例,在这个实例中有一个特定的灵长类动物,与人相比,它缺乏的仅仅是语言能力。假定某事件重新组织了它的思维,给予它语言能力。为使新机制能够顺利运行,它必须满足"易理解条件",同时思维或大脑的其他系统必须能够理解新机制所生成的表达。另一方面,新机制发出的指示必须被思维或大脑的其他系统认可并接受。由这个观点出发,乔姆斯基提出了最彻底的最简观点:语言机制是关于易理解条件问题的理想的解决办法。

乔姆斯基的一系列假设是,人类的心智/大脑有语言机制或"语言器官"(the faculty of language)。视觉系统、免疫系统或循环系统一般被描述为人体器官,是人体里更为复杂结构的子系统,只能通过研究某些具有明显特性的部分及其相互作用来了解这个复杂结构。语言机制具有初始状态,人类语言的初始状态是一样的。它在触发(triggering)机制和环境影响下经历状态变化,达到完成状态(attained states)。如果一个人的语言机制已处于 L 状态,我们说这个人具有 L 语言。语言理论的一个重要任务就是刻画这种语言的完成状态和共同享有的初始状态。人类语言的初始状态相同,而获得的状态则不同。普遍语法是研究初始状态的理论,而个别语法则是研究获得状态的理论。

最简方案模式的运作过程是,先从词库中"选配"合适词语组成句子的初始结构,再通过"运算"(computation)使词语中的语音信息与逻辑信息在某一时刻经"拼读"(spell-out)操作而分离,分别进入语音表达式和逻辑表达式。拼读前的句子生成过程被称为"显性句法"(Overt Syntax),拼读后的句子生成过程叫"隐性句法"(Covert Syntax)。运算方式有两种:(1)"合并"词库中选出的成分;(2)把需要移动的成分向左侧移动升高。所有移动都要服从"经济原则"(Economy Principle)。

一些语言学家指出,最简方案模式中许多概念都主要是从"简便"和"自然"的假设推导而来,缺乏足够的语料支持。所以,最简方案模式对语法的解释力究竟如何,还有待时间的考验。

与管约理论相比,最简方案理论有几个显著的变化。首先,它抛弃了管约理论中的一些具体的分析模型,深层结构和表层结构这两个分析层次也不复存在。其次,管约理论中的重要概念"管辖"也被舍弃不用,而代之以若干修正后的概念来解释管辖理论所概括的事实。由此,管辖理论从普遍语法的一个子系统蜕变为输出条件的一个解释性的制约。

乔姆斯基以《最简方案》的最后一章为基础,1998年发表了《最简探索之框架》(Minimalist inquiries: the framework),旨在改进和进一步发展最简方案理论,重新思考了促使最简方案形成的动因,以便给出一个更清楚的解释。他强调,与最简方案一样,这篇文章也是集体智慧的结晶,包含了许多学生、同事及其他研究者的意见和建议。

乔姆斯基指出,为了体现最简精神,要设法把运算限制在满足最简条件不可缺少的操作上。在最简方案中,虽然以前提出合并应优先于移位,但给出的理由是含糊的。在最简探索中,这一理由则很明确,合并和一致操作是移位操作的组成部分,移位需要多余的步骤来确定要连带的成分。不过,这篇论文里新术语太多,论述也以抽象符号为主,缺少实例。

生成语法理论经历了几个不同的发展阶段。由初期注重个别语法规则系统的研究,发展为对普遍语法的原则和参数的研究,继而又开始了对语言设计完美性的探索,导致了最简方案的产生。乔姆斯基又对最简方案进行了较大的修改。乔姆斯基所定义的语言是人类语言器官所呈现的某种状态,一般称为内在化语言,生成语法是在高度抽象化和理想化的条件下对这一内在性语言的本质、来源和使用的描写和刻画。语言是心智的功能和组成部分,对语言的研究就是对心智的研究,这是生成语言学理论的一贯的主张。

人类语言的不完美,具有普遍性。比如,词项不能解释而且有些还无法定位。但在为特定目的指定的符号系统里,这些特征并不存在。乔姆斯基认为,这些不完美的特征与语言以外的系统强加给它们的理解性条件有关。这就是说,语言本身的设计是完美的。

生成语法理论的发展可被视为不断简化理论和控制生成能力的过程,最简方案和最简探索不过是这个过程中的一些符合逻辑的阶段。尽管生成语法理论经历了一个提出许多具体规则、假定、机制和理论模型,之后又对其进行修正乃至抛弃的复杂过程,它的目的和意图却是一贯和连续的,即探索人类语言的本质、本原和使用。

乔姆斯基理论学派中还分离出一些"离经叛道"的新学派。如70年代的关系语法(Relational Grammar)、弧形语法(Arc Pair Grammar)、词汇—功能语法(Lexical-Functional Grammar)、蒙太古语法(Montague Grammar)、概括短语结构语法(Generalised Phrase Structure Grammar)等。

乔姆斯基理论研究进入了相对平静的时期。生成语法理论虽然有了令人瞩目的发展,但仍然对许多问题没有明确做出解释,语法模式也似乎更加抽象,人们越来越感到难以理解。这大概是研究乔姆斯基理论的人在减少的一个原因。同时,传统语法学派、功能主义学派和其他一些学派对生成语法理论的激烈批评从来没有停止过。但是,乔姆斯基的理论一直是语言学界不可忽视的重要学说——它的生命力来自不断地自我否定、自我完善的过程。它所苦苦探求的无疑是语言研究最根本、最深奥的问题之一。

6.8 小　结

乔姆斯基的转换生成语法在许多方面都与结构主义语法有所不同:(1)理性主义;(2)先天论;(3)演绎的方法;(4)强调解释力;(5)形式化;(6)着眼于语言能力;(7)很强的生成力;(8)重视语言的共性。第一,乔姆斯基把语言定义为一套规则或原理。第二,乔姆斯基认为语言学家的目标应该是去创造一种有生成能力的语法,这个语法能够概括本族语人所默认的知识。这就涉及语言习得和语言普遍性的问题。第三,对任何能够揭示说本族语的人所默认的知识的材料,乔姆斯基和他的继承者都极感兴趣。他们很少使用那些本族语人所说的语言材料,而是依赖自己的直觉。第四,乔姆斯基的研究方法是假设—演绎,他把这种方法运用在两个层面上:(a)语言学家阐明关于语言结构的假设——语言的普遍理论,这个理论被个别语言的语法所验证;(b)每一个个别语法又是关于一般语言的普遍理论的假设。最后,乔姆斯基追随了哲学上的理性主义和心理学上的心灵主义。

第七章

生成语义学和格语法

转换生成语法理论虽然对美国语言学研究有着强大的影响,但它也遇到了众多质疑和挑战,其中影响较大的有生成语义学(Generative Semantics)和格语法(Case Grammar)。这些理论到底是对主流语言学理论的修正还是反叛?到底是昙花一现还是价值永存?各界评价不一,在此仅做简单介绍。

7.1 生成语义学

生成语义学是20世纪60年代末70年代初在转换生成语言学理论的第二阶段——标准理论基础上形成和发展起来的,是对乔姆斯基以句法为基础的转换生成语法的反叛。对语义问题的不同看法是导致生成语义学家与乔姆斯基分道扬镳的根源。乔姆斯基在《句法结构》(1957)中,把语义排除在语法之外。但是在实际语言研究中,语言事实迫使他承认语义是语法的一个组成部分。然而究竟应该如何正确处理语义现象?语义在语法中应占什么地位?语义与句法的关系如何?这一系列问题摆在当时转换生成语法学派的面前。

7.1.1 生成语义学的背景

生成语义学这一流派的领军人物是罗斯(John R. Ross)、麦科利(James D. McCawley)、雷考夫(George Lakoff)、波斯塔尔(Paul Postal)等,他们都是乔姆斯基的学生和同事。1965年以前,转换生成学派内部观点一致,没有多大的分歧和争议。但是从1965年乔姆斯基提出"标准理论"之后,这个阵营便出现了公开分裂的信号。那年春天,罗斯和雷可夫在哈佛大学组织了星期五下午讨论会,专门研究分析乔姆斯基的一些结论性看法。秋天,当乔姆斯基到加州伯克利休假时,罗斯和雷可夫在各自的讲课中公开了他们与乔姆斯基的分歧。与此同时,波斯塔尔也提出了形容词属于动词范畴的观点,与乔姆斯基得出的结论背道而驰。

在1967年公开向乔姆斯基语言理论的核心思想提出挑战之前,主张生成语义学的学者还只是在论证标准理论中关于深层结构的假设不够完善,他们共同努力的方向是证明深层结构越来越深,与语义解释的关系越来越密切。在此期间,他们提出的抽象分析的主张与乔姆斯基的标准理论模式还没有发生冲突,而且可以说是在这一基础上提出自己的假设。但是随着讨论的深入,他们的结论与乔姆斯基的思想分歧越来越大。他们与乔姆斯基的矛盾主要在底层句法结构的抽象性上。他们认为标准理论中提出的深层结构还不够深,实际的深层结构要比它抽象得多,这种抽象的深层结构就是句子的语义表达。在他们看来,乔姆斯基提出的句法自主的观点是站不住脚的,因此他们的设想最初又被称为抽象句法学(abstract syntax)。

7.1.2 生成语义学的诞生

生成语义学家们认为,句法过程和语义过程之间没有原则性的区别。这一看法还有一些辅助性的假说作为补充。第一,乔姆斯基在《句法理论的若干问题》(1965)中提出的深层结构上纯粹的语义层并不存在;第二,派生的最初表达式是逻辑表达式,这对所有的语言而言都是相同的;第三,意义的各个方面都可以用短语生成的方式来描写。

换句话说,句子的派生是从语义映射到表层结构的直接转换。最初的语义生成模式可以用如下的图例来表示:

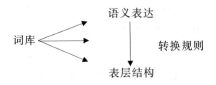

最初,生成语义学家并没有怀疑乔姆斯基的理论。实际上他们曾试图对乔姆斯基的理论做出逻辑解释。比如乔姆斯基写道,语法的句法部分必须限定每一个句子,也就是决定其语义结构的"深层结构"。但自从 20 世纪 60 年代末以后,很少有研究能够确定可以把深层结构归到意义层面的有效解释机制。因此,雷考夫等人把这两个层面视若等同。同样,乔姆斯基的选择性限制规则要被表达为深层结构的假设也说明,深层结构与语义表达是合并在一起的。例如 Mary sold the book to John 和 John bought the book from Mary 这两个句子共享好几个选择性特征(如第一句中动词 sell 的主语与第二句中介词 from 的宾语一致,等等),因此推理认为,这两个句子具有同样的深层结构。但生成语义学家认为,如果是这样的话,深层结构与语义表达如此接近,就没必要把这两个层面区分开。

如上图所示,词库部分以何种方式在何时介入生成过程的问题成为生成语义学中众说纷纭的主题之一。麦考利便将词库条目自身视为结构化的语义材料(词汇分解理论),以图解决这个问题,比如他把 kill 这个条目分析为:

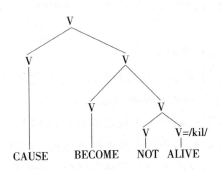

乔姆斯基语言学理论的一个核心思想是:语法由句法、语义和语音三部分组成。句法是基础,具有生成性,语义和语音是解释部分。句法与语义之间有一个泾渭分明的界线。词汇插入在句法部分的深层结构上,即在转换操作之前进行。生成语义学家1967年首先对词汇插入在转换之前进行的观点提出质疑,指出词汇插入并非一定在转换操作之前进行。首先提出这一问题的是雷考夫。在实际分析中,他按照标准理论的模式在深层结构上进行词汇插入,然而却碰到了许多困难。例如John killed Bill. 按照生成语义学提出的更为抽象的深层结构假设,这一句子的深层结构包含三个内嵌式小句,即 S_0, S_1, S_2,最里层的小句 S_2 表示(Bill [not alive]),紧接着的小句 S_1 表示有事件(S_2)发生了(it [+inchoative]);主句 S_0 表示 John 使这件事(S_1)得以发生(John [+causative])。按照乔姆斯基的标准理论,词项必须在深层结构中插入,那么 kill 一词就只能插在[not alive]的位置上。这显然不合适,因为 kill 不仅仅表示[not alive],而且包含了上下两个层次的部分意义:cause ... not alive。因此,雷考夫提出这样的设想:深层结构只表示意义,转换过程把三个小句上的语义成分[+causative],[+inchoative],[not alive]联系在一起,然后插入词项 kill。

由于词汇插入并非一定要在转换操作之前进行,雷考夫和他的同事进而对深层结构提出了质疑。他们对乔姆斯基在标准理论中提出的深层结构的四项特征进行了细致的分析。这四项特征是:(1)最简单的句法部分的基础;(2)规定同现和选择限制的位置;(3)规定基本语法关系的位置;(4)插入词汇的位置。生成语义学家指出,在四项特征中,(1)和(3)两项都与语义表达相联系,可以在语义部分解决,而(2)本身就是语义问题。至于(4),许多事实已经证明某些转换必须在词汇插入之前进行。因此,他们认为深层结构没有必要作为一个独立的层次存在,从而正式提出了取消深层结构的观点。这标志着生成语义学的诞生。

7.1.3 生成语义学的理论模式

生成语义学由抽象句法学发展而来,从抽象句法学到生成语义学的一个重要步骤,是抛弃了词汇插入必须在转换之前进行的观点。随着研究的深入,发现深层结构越来越抽象,与语义关系越来越密切,最终提出深层结构就是语义表现的结论,并提出了取消深层结构的主张。语法从语义部分开始,经过转换直接到表层结构。生成语义学的语法模式大致如下:

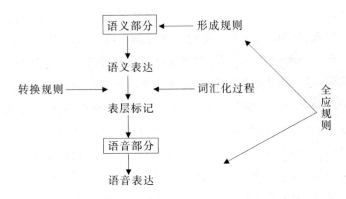

这样,生成语义学的语法模式在语义部分包括一系列形成规则(formation rules),运用形成规则得到语义表观,相当于逻辑式。在语义表现的基础上交叉使用词汇化过程和转换规则,得到表层短语标记。表层短语标记进入音位部分,使用音位规则后,最终得到句子的语音表现。从语义部分到音位部分整个语法过程中,全应规则(global rules)自始至终发挥着作用。

语义表现用短语标记表示,可以通过树形图或加括号表示。树形图中的节点标以 NP,VP 等句法范畴,但其终端成分不再是词,而是语义成分,或称作语义标示义素。例如,the boy killed the girl 的深层结构中,从属于节点 n 的不是 boy 或 girl,而分别是[＋human],[＋male],[－adult]和[＋human],[－male],[－adult]。从属于 v 节点的不是 kill,而是[＋causative],[＋inchoative],[not alive]。

词汇化过程与标准理论中的词汇插入也不相同,这是一个把语义表现的终端部分中的语义成分变换成词的过程。例如[＋human],[＋male],[－adult]三个语义成分在词汇化过程中变换成了 boy。[＋human],[－male],[－adult]三个语义成分变换成了 girl。这种词汇化过程不是在某一层次上一次完成,而是在转换中逐步进行的。在生成语义学模式中,不需要把词汇问题全部解决后再进行其他方面的转换。例如[not alive]先变换成 dead,然后[+inchoative]dead 变换成 to die,最后[+causative] to die 变换成词项 kill。这种一步步的变换称为"谓语升格"(predicate raising)。

由于词汇化过程与转换规则是交叉进行的,因此在语法中句法和语义之间没有泾渭分明的界线。这样也就从根本上动摇了转换生成语法从一开始就为大家所接受的一个根本假设:句法和语义在本质上是截然不同的。他们的模式显示了语义表达和句法表达必须具有相同的性质。这一模式以语义为基础,只有语义部分才具有生成能力,语言的创造性在语义部分得到体现,句子的句法特征取决于意义。

生成语义学的基本特点是:(1)取消深层结构;(2)提出全应规则;(3)达到语义表达和逻辑的一致。

乔姆斯基的标准理论认为,语义表达与表层结构之间有一个明确的分界线,语义表达属语义部分,表层结构属句法部分,深层结构是这两者之间的中介平面。而生成语义学认为,语义表达与表层结构之间没有明确的分界线。在他们的语法模式中,语义表达是输入,通过一系列句法—语义规则生成表层结构。作为输出,两者之间不存在深层结构这一中介。

生成语义学家意识到,他们抛弃深层结构,只是将问题转变为词句的争论。因为从语义表达到表层结构的转换映射有一个显著的特征,即在应用循环规则之前将会有一个大的空当,当词库条目插入的自然位置正好位于这个空当时,此特征尤其显著。因此,他们搜寻了大量的论据,最引人注目的一个论据则借自乔姆斯基的同事和合作者哈勒(Morris Halle)反对结构主义音位学的经典辩论。生成语义学家们试图证明深层结构的不同之处:语义表达层次的存在将会使得同样的生成过程出现两次,一次是在句法中,一次是在语义中。

生成语义学考察所有从语义结构上生成的句子。而语义结构往往以一种与哲学上的逻辑命题相类似的形式表达出来。例如,语言学家运用这种理论指出在 This dog strikes me as being his new master 与 This dog reminds me of his new master 之间存在着一种语义关系,因为二者具有相同的语义结构:X 认识到 Y 与 Z 相似。

生成语义学家发现,用传统的逻辑符号来表示语义表达,存在着某些不足之处。在语义表达中,句子不仅仅表示一个命题,而且还必须包含一组 NP,因此应该把每个句子分解成一个命题和一组 NP。例如 The man killed the woman 一句的语义表达可大致表示为:句子包括 X_1 杀了 X_2 这一命题和两个 NP,表示 X_1 的 NP 是 man,表示 X_2 的 NP 是 woman。

随着研究的深入,在生成语义学的模式中,句法范畴越来越少,并且越来越与符号逻辑中的范畴相接近。最后生成语义学把句法范畴减少到只有三种:句子(S)、名词短语(NP)和动词(V),这三个范畴与逻辑中的命题、主目和谓词一一对应。这是生成语义学家的重大发现。他们认为,这一点要比任何其他证据都强有力地证明,他们的研究道路是正确的。句法范畴与逻辑范畴的一致,说明语言的最深层表达独立于自然语言,语言的语义表达与逻辑一致,根植于思维规律之中。由于全人类的思维规律是相似的,因而世界上所有语言的句法范畴也是相似的,这构成了普遍语法的基础。

7.1.4 生成语义学的发展

生成语义学从意义出发,把语义表达与逻辑推理联系在一起,凡是在逻辑上与句子意义的理解有关的内容逐渐被他们纳入语法研究的范围。随着语言素材的不断积累,需要语法解决的现象越来越多,许多曾被认为是语用现象的东西,对他们来说也应该在语法机制内得到解决,因为这些现象影响到说话者和听话者对句子是否符合语法的判断。

20 世纪 70 年代以后,生成语义学的研究范围已扩大到(1)说话者和听话者之间的社会关系。由于说话者和听话者之间的社会关系不同,所使用的语言形式也会发生变化。如果把不同的形式混为一体,就会产生不符合语法的句子。(2)隐含的行为动词。生成语义学家认为,人说出的所有话,实际上都省略了一个动词。如陈述句 It's cold today = I *think* it's cold today 或 I *tell* you it's cold today;祈使句 Close the door = I *ask/request* you to close the door 或 I *command* that you close the door。(3)语言社团的不同文化背景对人的语言影响,并不一定符合人的逻辑推理。如在一个社团中赞扬别人的话,在另一个社团中并不一定被对方认为是赞扬,语法对于这种句子的处理应反映出文化背景差别。(4)会话含义(conversational implicature),即可从人的话语中推导出话语本身并不包含的意义。虽然会话含义属于语用学研究的对象①,但雷考夫认为,这种含义也应该包括在语法描写的范围内。为了更好地处理语法与语义的关系及会话含义,他们提出了一套转换限制,即会话假设(conversational postulates)。总之,生成语义学家在这个阶段把语用和逻辑推理都纳入自己的研究范围。

20世纪70年代,雷考夫与罗斯等人又开始研究模糊语法。他们发现自然语言的概念是模糊、不精确的,如符合语法、范畴、语法关系以及基本的语义结构等都是模糊概念。所以他们认为,语言里的很多概念不是两极对立,而是模糊的渐进和递减的连续体,不能用合乎语法和不合乎语法、可接受和不可接受等概念来标记。完美的语法理论应该能够处理这些模糊现象。

7.1.5 小结

乔姆斯基转换生成语法的标准理论以句法为基础,认为句法部分才有生成能力,语义和语音部分只是解释性的。生成语义学理论以语义为基础,认为语义部分才具有生成能力,句子的句法特点取决于意义。在标准理论中,深层结构和语义表达是两个不同的层次,一个属于句法部分,一个属于语义部分。生成语义学理论取消了深层结构层次,认为深层结构就是语义表达,句子从语义表达开始经过转换直接生成表层结构。标准理论和生成语义学都把语义表达用树形图来表示,图中的节点都标以 NP、VP 等句法范畴符号。在标准理论里,树形图的终端成分是词,而在生成语义学理论中,树形图的终端成分是语义成分。在标准理论中,词汇插入在深层结构上进行。词汇一旦插

---

① 美国哲学家格莱斯(H.P. Grice)20 世纪 60 年代在哈佛大学哲学讲座中提出的会话含义理论,是语用学(Pragmatics)的一个重要组成部分。《逻辑与会话》(Logic and conversation)一文收入 Semantics and Syntax 3 (New York: Academic Press, 1975),后来收入格莱斯文集《言辞用法研究》(Studies in the Way of Words, Harvard University Press, 1989)。有关会话含义学说的介绍,阅读任何一本《语用学》导论即可。

入,在其后的派生过程中只能有形态变化,不能有词汇变化。而生成语义学中没有词汇插入过程,只有在转换过程中逐步完成把义素变换成词汇化过程,转换过程和词汇化过程是交叉进行的。

生成语义学本身不是一套完整的语义理论,而是转换生成语法的一个分支,它主要是从句法和语义关系方面修正标准理论。生成语义学派内部也不是对所有的问题都意见一致的,但他们都同意语义在语法中起主要作用。他们并不坚持某种固定的模式,然而他们提出的种种模式都有一个基本特征:解释性的语义部分是不存在的,因为语义解释在深层结构中已经表达了,事实上,深层结构就是语义表达。

生成语义学在提出理论框架后的二三年内便达到鼎盛时期,影响遍及全美国。但在 20 世纪 70 年代中期基本上销声匿迹。尽管生成语义学已不再被视为一个可行的语法模式,但它仍然在许多方面有着一定的影响。首先,正是生成语义学最先开始对转换规则所不能形式化的句法现象进行深入的探讨。其次,由生成语义学家最先提出进行讨论的许多提议,后来出现在解释性的研究文献之中。最后,生成语义学家们最先进行了关于词库条目的逻辑和次逻辑属性、直接和间接言语行为以及语言的语用层面的研究。

7.2 格语法

格语法是生成语法学派中分裂出来的另一种语言学理论,由美国语言学家菲尔墨(Charles J. Fillmore)于 20 世纪 60 年代末提出。该理论着重研究句子成分之间关系的分析手段,也可以说是从句法语义关系方面对乔姆斯基的标准理论所作的一种修正。

7.2.1 格语法的背景

乔姆斯基在《句法结构》中提出,短语结构规则(S → NP + VP;V + NP)的目标是生成所有的句子。结果是这样,生成所有句子的目标达到了。但是,在生成合格句子(John drinks wine)的同时,也生成了不合格的句子(*Wine drinks John)。这说明动词和名词之间要有一种语义限制。要避免生成错句,就应该对规则进行一些词汇、语义方面的限制,如 drink 前面的名词一般是人和有生命的动作者,其后面的名词是可以饮用的液体,如饮料、酒等。乔姆斯基在《语法理论的若干问题》中,对第一本书《句法结构》中的规则作了语义限制。乔姆斯基在古典理论中对待语义的态度与结构主义没有什么区别,同样认为语义不应当包括在语法里,但在标准理论里注意到了语义的研究,这是转换生成语法的一个质变。但《句法理论的若干问题》出版后不到一年,又发现了新的问题。首先起来反对的是乔姆斯基的学生菲尔墨,他认为用各类格框架分析句法结构要比乔姆斯基的转换规则方便并且精密得多。为了从语义的角度弥补转换生成语法的不足,菲尔墨在 60 年代发表了一系列论文,形成了格语法理论。

格语法的发展可以分为两个阶段:60 年代到 70 年代初为第一阶段。这一阶段只用格分析平面作工具,把句子的底层语义表达跟句子所描述的那个情境的特点联系起来,不用深层语法关系平面。菲尔墨这一阶段的主要著作有《构想格的现代理论》(Toward a modern theory of case, 1966),《"格"辨》(The case for case, 1968)。70 年代中期以后为格语法发展的第二阶段,除了格分析平面之外,菲尔墨还增加了深层语法关系平面以解释语义和句法现象,主要著作有《〈"格"辨〉再议》(The case for case reopened, 1977)和《词汇语义学中的论题》(Some problems for case grammar, 1977)。

7.2.2 格的概念

菲尔墨认为,语言中存在着隐性范畴(covert categories),语言中的语法现象并不都以显性的形态表现出来。语言底层存在的关系,大部分是隐性的,但都是能够凭经验觉察到的。句法结构应该是格所决定的中心,而且隐含范畴更加重要。"格"用来定义普遍隐含的"句法语义关系","格形式"用来定义"在具体语言中对格关系的表达"。所谓主语和谓语,以及它们的不同,都只应当被看做表层的现象。在其深层结构中,一个句子应该包含一个动词和一个或更多的名词短语,每个名词短语跟动词有各自的格关系。出现在一个句子中的不同的

"格",决定了句子类型和该语言中动词的类型。

"格"是语言中的普遍现象。无论在表层结构上是否具有显性的形态表现,它们在任何一种语言的底层都是存在的,是每一种语法基础部分的基本概念。格的关系是基础部分中的基本关系。格语法从不同的格的关系入手,分析研究语言的各种结构。

在格语法体系里,动词被视为句子中最为重要的部分,并且和众多不同的名词短语有着一系列的关系。这些关系统称为"格"。例如,with a revolver 和 this revolver 分别有着不同的功能,但是它们与动词 kill 的语义关系却是完全相同的。revolver 是使 kill 这一动作得以施行而凭借的工具。同样,with a revolver 描述 kill 这个动作发生的方式。

菲尔墨认为,乔姆斯基在标准理论中虽然把语义引入语法机制,使之成为语法的一个组成部分,但乔姆斯基对语义的考虑仍显得不够,语义在语法中还没有得到其应有的重要地位。他指出,诸如主语、宾语等语法关系实际上都是表层结构上的概念,在语言的底层,所需要的不是这些表层的语法关系,而是用施事、受事、工具、受益等概念所表示的句法语义关系。这些句法语义关系,经过各种转换之后,才在表层结构中成为主语或宾语,等等。在底层的句法语义关系和表层的语法关系之间,没有固定的对应关系。由于这些句法语义关系与传统语法中通过形态变化而表现出来的格的各种功能非常接近,因而菲尔墨就借用"格"这一传统术语来加以表示。

"格"一直是传统语法研究的一个语法范畴,指通过形态变化表示的名词、代词与句中其他词的语法关系。这种格必定有显性的形态标记,即以表层的词形变化为依据。格语法中的"格"与之不同,指底层结构中每一个名词与跟它有关动词之间的句法语义关系。这种格在表层结构中不一定通过名词或代词的形态变化表示出来,它也可以通过词序、附加成分、介词或其他方式来表现。菲尔墨(Fillmore,1968)明确指出,格这一术语是指"处于底层的句法—语义关系,用格的形式(Case form)这一术语来指特定的语言中某种格的关系的表现形式,不论是通过词缀,还是通过异干法(suppletion),还是通过附加助词,还是通过词序制约的办法"。

这种格是在底层结构中依据名词与动词之间的句法语义关系来

确定的,这些关系一旦确定就固定不变,不管它们经过什么转换操作,在表层结构中处于什么位置,与动词形成什么语法关系。底层上的格与任何具体语言中的表层结构上的语法概念,如主语、宾语等,没有对应关系。请看下面几个英语句子:

(1) The door opened.
(2) The key opened the door.
(3) The boy opened the door.
(4) The door was opened by the boy.
(5) The boy opened the door with a key.

在(1)中,the door 虽然处于句子主语的位置,但从逻辑上讲,"门"不能自己打开,而是被打开的,因而在句子的底层属于客体格。在(2)中,the key 是句子的主语,但是从逻辑上说"钥匙"本身不会去开门,而是被用作开门的工具,因而在底层属于工具格。(2)中另一名词 the door 是句子的宾语,在语义关系上属于客体格。(3)中,the boy 是句子的主语,在语义关系上是动作"开"的施事,因而属于施事格。另一名词 the door 是句子的宾语,在语义关系上属于客体格。在(4)中,the door 是句子的主语,但在底层属于客体格。而句中另一名词 the boy 虽然是介词 by 的宾语,但在语义关系上却是动作"开"的施事,因而在底层属于施事格。在(5)中,the boy 是句子的主语,在底层是施事格;the door 是宾语,在底层是客体格;a key 是介词 with 的宾语,在底层属于工具格。

从以上各个句子中可以看到,the boy 不管处于句子主语的位置还是介词宾语的位置,它与动词 open 的关系固定不变,总是该动作的发出者,永远属于施事格。而不论 the door 处于句子的主语位置还是宾语位置,与动词 open 的关系永远是该动作的客体,总是属于客体格。虽然 the key 在句子中也可处于主语的位置或介词宾语的位置,但是与动词 open 的语义关系永远是做出该动作时凭借的工具,因而永远属于工具格。由此可见,这种底层上的格既不能与表层结构中的主语、宾语等同,也不能与屈折语中表层结构上的"格"相提并论。这种格由语义关系确定,它与语法关系有必然联系,但二者之间没有严格的对应关系。

7.2.3 格语法的模式

格语法由三个部分组成:基础部分、词汇部分和转换部分。基础部分通过基础规则生成前底层结构,前底层结构在词汇部分,经过词汇插入规则从词库中选取合适的词语,得到后底层结构,后底层结构经过转换规则产生表层结构。整个语法模式大致如下:

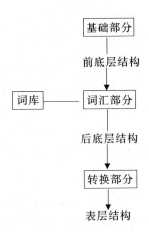

基础部分有三条基本规则:

$S \to M + P$

$P \to V + C_1 + C_2 + \ldots C_n$

$C \to K + NP$

第一条规则表示一个句子 S 可以改写成情态 M(Modality)和命题 P(Proposition);第二条规则表示任何命题 P 都可以改写成一个动词 V 和若干个格 C。不过菲尔墨的 V 是指广义的动词,不仅仅包括传统意义上的动词,而且还包括形容词、副词等。格 C 包括 NP 和内嵌式 S 小句。第三条规则中的 K 来自德语的 Kasus(格),表示底层结构中各个格的范畴。尽管在表层结构中各个格的范畴有各种标记形式,但在底层结构中都是 K。

格范畴属于特定语言,但是它们来自于句法成分之间有意义的相互关系之普遍性,即施事格(Agentive)、工具格(Instrumental)、承受格(Dative)、使成格(Factitive)、方位格(Locative)、客体格(Objective)、受益格(Benefactive)、来源格(Source)、目标格(Goal)、伴随格(Comitative)。

施事格(A):表示由动词确定的动作或状态能觉察到的、典型的有生命的执行者。如:

John opened the door.

The door was opened by *John*.

工具格(I):表示由动词确定的动作或状态中涉及的无生命力量或客体的格。如:

The key opened the door.

John opened the door with *the key*.

John used *the key* to open the door.

承受格(D):表示由被动词确定的动作或状态所影响的有生命物(animate being)的格。如:

John believed that he would win.

We persuaded *John* that he would win.

It was apparent to *John* that he would win.

使成格(F):表示由动词确定的动作或状态之客体或与其有因果关系的格,也可被理解为动词意义的一部分之客体(不过菲尔墨没有提供例证)。如:

John dreamed *a dream* about Mary.

方位格(L):表示由动词确定的动作或状态之初所或空间方位(spatial orientation)的格。如:

Chicago is windy.

It's windy in *Chicago*.

客体格(O):从语义上看,是最具中性(neutral)的格,表示由动词确定的动作或状态中,任何可以被名词代表的格,只要能被动词本身的语义解释甄别出,就属于这个范畴。但这个概念只限定在能被动词确定的动作受到影响的类别里。这个术语不应与直接宾语相混淆,也不能与表层格里的同义词"直接受格"(accusative)混为一谈。如:

The *door* opened.

受益格(B)与伴随格(C)是菲尔墨后来增加上去的。受益格(B)与一个动作或状态的受益方有关,而承受格(D)则与任何人是否受益无关。伴随格(C)指某个命题似乎有一个与 and 相似的伴随功能的情形,菲尔墨引用了这样一个例子:

He *and* his wife are coming.
He is coming *with* his wife.

动词是根据其格框(case frames),即句法结构中的格环境来选择的。因此,比如 run 这个动词可以用插在[＿＿ A]这个框里,remove 和 open 之类的动词可以插在[＿＿ O＋A]的框里,murder 和 terrorise 这样的动词(即要求"有生命的主体"和"有生命的客体"的动词)可以插在[＿＿ D＋A]的框里,give 之类的动词可以插在[＿＿ O＋D＋A]的框架里,依此类推。

名词是用一个特定的格要求的特征来标记的。因此,任何一个出现在包含 A 和 D 的短语里的名词都必须是有生命的,即[＋animate]。

"格框"在动词的词汇项中可以叫做"格框特征"。例如,open 可以出现在[＿＿ O](*The door opened*),[＿＿ O＋A](*John opened the door*),[＿＿ O＋I](*The wind opened the door*),[＿＿ O＋I＋A](*John opened the door with a chisel*)这样的格框里,框特征可表示为 ＋[＿＿ O(I)(A)],其中括号表示可选择项。

格框特征能为语言的动词提供分类手段。但是,这些特征也因其不同的转换特征不同而发生变化。与格并行的是一连串不同格中语言项目所完成的角色和职能,比如菲尔墨(Fillmore,1971:42)曾提出过一个层级结构:施事者(Agent)、经验者(Experiencer)、工具

(Instrument)、客体(Object)、来源(Source)、目标(Goal)、方位(Location)、时间(Time)等。其意义是，格信息可以让我们对一个句子的表层结构做出预测：如果一个句子(clause)里有两个以上名词短语，那么在这个层级结构中最高的一个最先在句子的表层结构中出现。这就能解释为什么 John opened the door（施事者＋动作＋客体）是符合语法的结构而 The door opened by John（客体＋动作＋施事者）的结构不符合语法。菲尔墨说，格语法主要是把格当做一个原始的概念。他还指出，转换生成语法把深层结构当做语义解释的基础，这是没有道理的。乔姆斯基的标准理论认为，the door 在下面两句话中分别是深层结构的主语和深层结构的宾语：

The door opened.
John opened *the door*.

而格语法明确提出，在这两种情况下，the door 与动词之间的语义关系是一样的，即都是宾语：open 是动词，带一个强制性"客体"、一个随意性"施事者"，或者再带一个"工具"。

70年代，菲尔墨面对很多批评意见，也提出了自己的解释。例如他说，自己提出的施动和承受格应该是有生命的，这一论断实际上混淆了关系概念与范畴概念。有具体特征的项目并不等于格，哪怕世界上只有一种客体，仍然可以判定格的功能。一个人可以用另一个人的身体去打第三个人。不论怎样，施事者、工具、受者、经验者之间的格关系都不难想象。

菲尔墨还提出了一个研究句子功能结构的新方法。他说，信息(message)可以分为"视角内"(in perspective)与"视角外"(out of perspective)信息部分。格的理论应该与信息的视角结构有关。

格语法中引人注目的就是那些与语义相关联的概念，如施事、原因、地点、利益等等。这些概念在语言中极易证明，而且已经被心理学家视为儿童语言习得研究中的重要部分加以运用。但是根据莱昂斯的说法，大多数在转换生成语法理论一般框架内进行研究的语言学家并没有把格语法看做可以替代标准理论的东西。这是因为，当格语法用深层结构所管辖的格来对语言中所有的动词进行分类时，用来定义这些格的语义原则往往是模糊不清甚至相互冲突的。

菲尔墨把他的格语法看做对乔姆斯基所提出的转换语法理论的实质性修正。乔姆斯基的模式只能表明它们都是介词短语,而不能表明它们同时还分别承担地点、方向、时间、方式、工具以及施事等功能。菲尔墨则认为应该以下面的方式来处理这个问题:介词短语的深层句法结构应该被分析为一个名词短语和与它相关联的构格介词的关系。这个名词短语和构格介词都受介词短语的题元角色支配。菲尔墨还认为,句子中任何具有题元角色的成分事实上都可以用格标记和格记号来分析。

7.2.4 小结

尽管格语法在分析的理论和方法上存在缺陷,但却仍不失为一项重要的研究成果。这套语法理论提出之初,在语言学界产生过很大影响。有人认为,这个理论当时与乔姆斯基第三阶段的扩展标准理论和生成语义学一起形成三足鼎立的局面。实际上很少有人专门从事格语法研究,连菲尔墨自己后来也没有投入多大精力。不过,格语法的基本原理被波尔姆特(David Perlmutter)、波斯塔尔(Paul Postal)和约翰逊(David Johnson)吸收和发展到关系语法(Relational Grammar)及对弧语法(Pair Arc Grammar)中去。

20世纪后半叶美国语言学界还有其他一些颇有影响的语言学流派,如层次语法、词汇—功能语法(Lexical-Functional Grammar)、切夫(Wallace Chafe)的切夫语法(Chafe Grammar)、茨威格(Arnold Zwicky)的界面语法(Interface Grammar)。欧洲语言学界有英国语言学家伽兹达尔(Gerald Gazdar)等人提出的广义短语结构语法(Generalised Phrase Structure Grammar)和波兰逻辑学家列斯纽斯基(Lesniewski)等人提出的范畴语法(Categorial Grammar)等。不论这些语言学派的理论影响大小、持续时间长短,它们都有各自的可取之处。语言学专业的学生有必要对这些不同学派进行粗浅的了解,至少应该知道在某个时候某个理论以其独特的思想和方法在语言描述和分析的历史上曾经出现过并受到过学界的注意。

思考题

1. 为什么索绪尔被尊为现代语言学之父?
2. 索绪尔的语言学思想受哪些理论的影响?
3. 索绪尔的历时与共时之分、语言与言语之分有什么重大意义?
4. 索绪尔为后人留下了什么宝贵遗产?
5. 布拉格学派语言学家的三个重要观点是什么?
6. 布拉格学派的什么学说最著名?为什么?
7. 句子功能前景(FSP)的基本理论是什么?有什么重要意义?
8. 哥本哈根学派的重要观点和研究特色是什么?
9. 叶尔姆斯列夫的主要理论贡献有哪些?
10. 伦敦学派的研究传统是什么?
11. 马林诺夫斯基的人类学研究对语言学的影响与美国人类学家对语言学的影响有什么共同和不同之处?
12. 弗斯的语言学思想有哪些?他最重要的贡献是什么?
13. 系统语法与功能语法之间是什么关系?
14. 系统功能语法的指导思想是什么?有什么特点?
15. 韩礼德的功能主义思想有哪些?
16. 系统功能语法的描述和分析方法有什么意义?
17. 系统功能语法与社会语言学、语用学有哪些联系?
18. 美国结构主义语言学产生的背景是什么?
19. 美国结构主义语言学有什么特色?
20. 行为主义心理学与语言学有什么相关?
21. 布龙菲尔德的《语言论》在美国语言学史上有什么地位?
22. 霍克特的主要理论贡献是什么?
23. 哈里斯的主要学术思想是什么?对他的弟子乔姆斯基有什么影响?

24. 派克的法位学产生的背景是什么？有什么重要意义？
25. 什么是转换生成语法？
26. 转换生成语法的哲学基础是什么？
27. 转换生成语法产生的社会背景是什么？
28. 乔姆斯基的转换生成语法经历了哪几个发展阶段？
29. 语言先天论的主要观点是什么？语言习得机制（LAD）是什么？
30. 转换生成语法理论有什么学术意义？对哪些学科有重要影响？
31. 乔姆斯基的语言学理论为什么在不断修正？
32. 生成语义学与格语法诞生的背景条件有什么相同和不同？
33. 生成语义学的主要观点是什么？
34. 什么是格语法？格的概念有哪些？
35. 为什么生成语义学与格语法兴盛一时便不再辉煌？
36. 20世纪后半叶形形色色的语言学理论有什么重大意义？

参考文献

Akmajian, A. , Demer, R. and Harnish, R. M. 1979. *Linguistics: An Introduction to Language and Communication*. Cambridge, MA: MIT Press.

Berry, M. 1975. *An Introduction to Systemic Linguistics* (Vol. 1). London: Batsford.

Berry, M. 1977. *An Introduction to Systemic Linguistics* (Vol. 2). London: Batsford.

Bloch, B. 1949. "Leonard Bloomfield", *Language*. Vol. 25.

Bloomfield, L. 1933/1955. *Language*. London: George Allen & Unwin Ltd.

Bloomfield, L. 1939. "Linguistic aspects of science", in *International Encyclopaedia of United States*. Vol. 1, No. 4. Chicago: The University of Chicago Press.

Boas, F. 1911. *Handbook of American Indian Languages*. Washington, D. C. : Smithonian Institution.

Bolinger, D. 1968/1975. *Aspects of Language*. New York: Harcourt Brace Jovanovich.

Butler, C. 1987. *Systemic Linguistics*. London: Batsford.

Carroll, J. B. 1956. *Language, Thought and Reality: Selected Writings of Benjamin Lee Whorf*. Cambridge, MA: MIT Press.

Chafe, W. 1971. *Meaning and the Structure of Language*. Chicago: University of Chicago Press.

Chomsky, N. 1957. *Syntactic Structures*. The Hague: Mouton & Co.

Chomsky, N. 1965. *Aspects of the Theory of Syntax*. Cambridge, MA: MIT Press.

Chomsky, N. 1980. *Rules and Representations*. Cambridge: Cambridge University Press.

Chomsky, N. 1982. *Some Concepts and Consequences of the Theory of Government and Binding*. Cambridge, MA.: MIT Press.

Chomsky, N. 1995. *The Minimalist Program*. Cambridge, MA: MIT Press.

Culler, J. 1975. *Structuralist Poetics: Structuralism, Linguistics, and the Study of Literature*. London and Henley: Routledge and Kegan Paul.

Culler, J. 1976. *Saussure*. London: Fontana/Collins.

Dik, S. 1978. *Functional Grammar*. Amsterdam: North-Holland.

Dinneen, F. P. 1967. *An Introduction to General Linguistics*. New York: Holt, Rinehart and Winston.

Engler, R. 1967. (Critical Edition of) *Course in General Linguistics*. Wiesbaden: Otto Harrassowitz. (quoted from Culler, 1976).

Fillmore, C. 1966. "Toward a modern theory of case", in D. Reibel and S. Schane (eds.) *Modern Studies in English*. Englewood Cliffs: Princeton Hall.

Fillmore, C. 1968. "The case for case", in E. Bach and R. T. Harms (eds.) *Universals in Linguistic Theory*. New York: Holt, Rinehart and Winston.

Fillmore, C. 1971. "Some problems for case grammar", in *Monograph Series on Languages and Linguistics*. No. 24.

Fillmore, C. 1977. "The case for case reopened", in P. Cole and J. M. Sadock (eds.) *Syntax and Semantics*, Vol. 8: *Grammatical Relations*. New York: Academic Press.

Firth, J. R. 1957. *Papers in Linguistics 1934—1951*. London: Oxford University Press.

Fromkin, V. and Rodman, R. 1983. *An Introduction to Language*. New York: CBS College Publishing.

Gazdar, G. 1982. "Phrase structure grammar", in P. Jacobson *et al* (eds.). *The Natural Syntactic Representation*. Dordrecht: Reidel.

Gazdar, G., Klein, E. Pullum, G. and Sag, I. 1985. *Generalised Phrase Structure Grammar*. Oxford: Basil Blackwell.

Halliday, M. A. K. 1961. "Categories of the theory of grammar", *Word*, Vol. 17.

Halliday, M. A. K. 1973. *Explorations in the Functions of Language*. London: Edward Arnold.

Halliday, M. A. K. 1978. *Language as Social Semiotic*. London: Edward Arnold.

Halliday, M. A. K. 1985/1994. *An Introduction to Functional Grammar*. London: Edward Arnold.

Halliday, M. A. K. and Hasan, R. 1985. *Language, Context and Text: Aspects of Language in a Social-semiotic Perspective*. Oxford: Oxford University Press.

Halliday, M. A. K. and Matthiessen, C. 2004. *An Introduction to Functional Grammar* (3rd edition). London: Edward Arnold.

Harris, Z. S. 1951. *Methods in Structural Linguistics*. Chicago: The University of Chicago Press.

Harris, Z. S. 1957. "Co-occurrence and transformation in linguistic structure", *Language*, 33/3 (part 1).

Hjelmslev, L. 1961. *Prolegomena to a Theory of Language* (Second Edition). Madison: University of Wisconsin Press.

Hockett, C. F. 1958. *A Course in Modern Linguistics*. New York: Macmillan.

Hudson, R. A. 1971. *English Complex Sentences: An Introduction to Systemic Grammar*. Amsterdam: North-Holland.

Kay, M. 1985. "Parsing in Functional Unification Grammar", in D.

Dowty et al (eds.). *Natural Language Parsing: Psychological, Computational, and Theoretical Perspectives.* Cambridge: Cambridge University Press.

Kress, G. (ed.) 1976. *Halliday: System and Function in Language.* V Oxford: Oxford University Press.

Lakoff, G. 1971. "On Generative Semantics", in D. Steinberg and L. Jakobovits (eds.) *Semantics.* Cambridge: Cambridge University Press.

Lamb, S. 1966. *Outline of Stratificational Grammar.* Washington, DC: Georgetown University Press.

Lepschy, G. C. 1972. *A Survey of Structural Linguistics.* London: Faber and Faber.

Lyons, J. 1981. *Language and Linguistics: An Introduction.* Cambridge: Cambridge University Press.

Lyons, J. 1991. *Chomsky* (Third Edition). London: Fontana.

Malinowski, B. 1923. "The problem of meaning in primitive languages", supplement to C. K. Ogden and I. A. Richards. *The Meaning of Meaning.* London: Routledge and Kegan Paul.

Malmkjaer, K. 1991. *The Linguistics Encyclopedia.* London and New York: Routledge.

Mandelbaum, D. G. 1949. *Selected Writings of Edward Sapir in Language, Culture and Personality.* Berkley: University of California Press.

McCawley, J. D. 1968. "Lexical insertion in the transformational grammar without deep structure", in R. I. Binnick *et al* (eds.) *Papers from the Fifth Regional Meeting of the Chicago Linguistic Society*, University of Chicago Press.

Newmeyer, F. J. 1986. *Linguistic Theory in America.* New York and London: Academic Press.

Newmeyer, F. J. 1988. *Linguistics: The Cambridge Survey*, Vol.

I. Cambridge: Cambridge University Press.

Newmeyer, F. J. 1998. *Language Form and Language Function*. Cambridge, MA: MIT Press.

Pike, K. 1982. *Linguistic Concepts: An Introduction to Tagmemics*. Lincoln, NE and London: University of Nebraska Press.

Robins, R. H. 1980. *General Linguistics: An Introductory Survey* (Third Edition). London and New York: Longman.

Robins, R. H. 1997. *A Short History of Linguistics* (Fourth Edition). London and New York: Longman.

Sampson, G. 1980. *Schools of Linguistics*. London: Hutchinson.

Sapir, E. 1921. *Language: An Introduction to the Study of Speech*. New York: Harcourt Brace Jovanovich, Inc.

Saussure, F. de. 1960. *Course in General Linguistics* (trans. W. Baskin). London: Peter Owen.

Searle, J. 1972. "Chomsky's revolution in linguistics", *New York Reviews of Books*. New York Review, Inc.

Smith, N. and Wilson, D. 1979. *The Results of Chomskyan Revolution*. London: Penguin.

Thompson, G. 1996. *Introducing Functional Grammar*. London: Edward Arnold.

Vachek, J. 1964. *A Prague School Reader in Linguistics*. Bloomington: Indiana University Press.

Vachek, J. 1966. *The Linguistic School of Prague*. Bloomington: Indiana University Press.

岑麒祥，1988，《语言学史概要》，北京大学出版社。

程琪龙，1994，《系统功能语法导论》，汕头大学出版社。

冯志伟，1999，《现代语言学流派》，陕西人民出版社。

胡壮麟、方琰，1997，《功能语言学在中国的进展》，清华大学出版社。

胡壮麟、朱永生、张德禄，1989，《系统功能语法概论》，湖南教育出版社。

胡壮麟,1994,《语篇的衔接与连贯》,上海外语教育出版社。

胡壮麟,2000,《功能主义纵横谈》,外语教学与研究出版社。

刘润清、封宗信,2003,《语言学理论与流派》,南京师范大学出版社。

刘润清,1995,《西方语言学流派》,外语教学与研究出版社。

刘润清等(编),1988.《现代语言学名著选读》,测绘出版社。

许国璋,1991,《许国璋论语言》,外语教学与研究出版社。

俞如珍、金顺德,1994,《当代西方语法理论》,上海外语教育出版社。

赵世开,1989,《美国语言学简史》,上海外语教育出版社。

朱永生、严世清、苗兴伟,2004,《功能语言学导论》,上海外语教育出版社。

索 引

爱斯基摩语　Eskimo　92
巴利　Bally, C.　8, 9
鲍阿斯　Boas, F.　85,
　88—96, 103, 109
鲍林杰　Bolinger, D.　20
贝利　Berry, M.　79, 81, 83
标准理论　Standard Theory　134,
　148—150, 152—154, 158, 159, 162,
　166, 167, 176, 177, 179—181, 183—
　186, 191, 192
标准语言　standard language　22
表层结构　surface structure　124,
　149, 154, 155, 160, 163, 164, 167,
　173, 177, 180, 181, 183, 186—188,
　191
表达功能　expressive function　21
波斯塔尔　Postal, P.　149, 177, 192
布拉格学派　Prague School　19—
　24, 28, 34, 35, 47, 49, 53
布勒　Bühler, K.　21, 23
布龙达尔　Brondal, V.　34
布龙菲尔德　Bloomfield, L.　46,
　85, 108—118, 126—130, 135, 136,
　141
参数　parameter　140, 166, 168, 171,
　173
层次语法　Stratificational
　Grammar　34, 192
成分分析　Componential

Analysis　42, 124, 126
传统语法　traditional grammar　3, 4,
　6, 7, 23, 64, 80, 86, 110, 115, 132,
　137, 159, 165, 174, 186
词库　lexicon　149, 152, 153, 159,
　168, 169, 171, 172, 178, 181, 184,
　188
词类　parts of speech　4, 125, 126,
　131, 145
词素　morpheme　114, 128, 129
次音位　secondary phoneme　113
刺激—反应　stimulus-response　109,
　137
代名词　pronominals　159, 163—
　166, 170, 171
丹尼斯　Danes, F.　30, 31
等价对立　equipollent
　opposition　26
狄克　Dik, S.　83, 84
迪尔凯姆　Durkheim, E.　10, 11, 13
短语结构　phrase structure　80,
　144—146, 152, 155—158, 184
多边对立　multilateral opposition　25
发现程序　discovery
　procedures　116, 117, 141
法位学　tagmemics　129, 131, 189
方位格　189
方言　dialect　92, 95, 111, 112, 115
费尔巴斯　Firbas, J.　31, 33, 34

菲尔墨 Fillmore, C. 184—186, 188—192

分布 distribution 14,30,31,33,34, 79,88,90,103,118—121,125,126, 131,133

分级对立 gradual opposition 26

否定对立 privative opposition 26

弗洛伊德 Freud, S. 11—13,133

弗斯 Firth, J. R. 39,41—46,49, 54

符号学 semiology 8,17,18,36,49, 51,74

辅音性 consonantality 28,29

概念功能 ideational function 59—61,71—73,76

格过滤器 case filters 163

格式塔语言学 Gestalt linguistics 36

格语法 Case Grammar 176,184—186,188,191,192

功能文体 functional style 23

共时语言学 synchronic linguistics 20,85

孤立对立 isolated opposition 26

孤立语 isolating languages 94,102

古典理论 Classical Theory 134, 141,148,150,152,153,185

关系语法 Relational Grammar 174, 192

管辖与约束 government and binding 134,166

规则 rule 7,11,12,14—16, 21,33,42,52,80,82,110,121, 126,131,135,138—140,144—147,149—155,159,160,162—168,173,174,184,185,188

短语结构规则 phrase structure rules 80,144—146,152,155—158,184

格标记规则 case-marking rules 163

删除规则 deletion rules 154

过程 process 2,5,6,9,16,24,31, 35,37,38,40,41,48,57,59—61, 63—68,72—75,79,82,83,89, 95,97,99,105,106,109,111, 114,136—141,144,145,162, 167,172,174,177—180,184

存在过程 existential processes 57,61,66

关系过程 relational processes 57,58,61,63, 66,68

物质过程 material processes 57,61,62,65, 66,68,72

心理过程 mental processes 57,58,61,62, 65,68,73

行为过程 behavioural process 57,61,64,65,68

言语过程 verbal processes 57,61,65,'68

哈里斯 Harris, Z. 39,85,108, 116—126,136,141

寒暄 phatic communion 21,40

韩礼德 Halliday, M. A. K. 6,7, 20,39,47—55,58—60,64,70,72, 74,79,81—84

河皮语 Hopi 104—106

核心句 kernel sentence 148

核心语法 core grammar 167,168

互补分布 complementary distribution 46,121,122

互换测试　commutation tests　21
话题　topic　23
惠特尼　Whitney, W.　12,87,88
霍凯特　Hockett, C. F.　22,127—129
机械主义　mechanism　88
基础部分　base component　149, 151,153,155,163,186,188
及物性系统　transitivity　57,61
加尔文　Garvin, P.　35
价值　value　6,7,11,13—18,20,23, 35,38,42,45,64,67,74,89,99, 106,107,126,136,176
交际动力　communicative dynamism　21,31,32,34
交际密度　densities of communication　111
结构单位　structural units　45,61
结构主义　structuralism　6,7,12, 13,19,34—36,39,86,108,116, 117,127,128,131—133,135,136, 141,174,181,185
进化语言学　evolutionary linguistics　15
精密度　delicacy　57,82
精密度阶　scale of delicacy　54,56—58,82
静态语言学　static linguistics　15
聚合关系　paradigmatic relations　19,27,45,54
句子功能前景　Functional Sentence Perspective　29,30,32,33
均衡对立　proportional opposition　26
卡茨　Katz, J.　149
卡勒　Culler, J.　9
空语类　empty category　167,171

拉斯金　Raskin　24
莱昂斯　Lyons, J.　3,5,134,191
兰姆　Lamb, C. S.　34
雷考夫　Lakoff, G.　177—179,183
类连结　colligation　44
类推变化　analogical change　115
类型学　typology　97,101,102,109
理性主义　rationalism　86,132,174, 175
历史语言学　historical linguistics　114
链状轴　axis of chain　54
伦敦学派　London School　19,20, 39,47,48,81,82
罗宾斯　Robins, R. H.　4,5
逻辑形式　logical form　155,164, 167—169,171
逻辑主语　logical subject　30
马林诺夫斯基　Malinowski, B.　39—41,44
马泰休斯　Mathesius, V.　19—21, 23,30
麦考利　McCawley, J.　178
美国语言学协会　Linguistic Society of America　49,82,108,109
美洲印第安语言　American Indian languages　95
模糊点　fuzzy points　22
目标　Goal　5,30—32,44,51,61,62, 67,72,80—82,116,131,135,136, 141,174,184,189,190
能指　signifier　14—16,18,37,38
纽梅尔　Newmeyer, F.　81
派克　Pike, K.　22,129—131
评述　comment　23,133
普遍语法　universal grammar　134, 136,139—141,166—168,172,173,

182

乔姆斯基 Chomsky, N. 6,7,39,
46,52,64,81,82,85,124,129,
132—144,146—149,151,153—
156,164—168,171—179,181,
183—186,191,192

情境 context of situation 31,40,
41,44,75,110,185

情态 modality 34,68—70,77,147,
188

区别性特征 distinctive
features 21,25,27—29,98,112,
113

人际功能 interpersonal
function 59,60,68,69,71—73,76

入列条件 entry conditions 54,56

萨丕尔 Sapir, E. 85,96—99,
101—104,106—108,129,132

萨丕尔—沃尔夫假设 Sapir-Whorf
Hypothesis 103,104,105,107

赛福生 Sampson, G. 5,82,132

社会符号 social semiotic 18,51,
53,79

社会事实 social fact 10,11,14

社会意义 social meaning 14,73,76

深层结构 deep structure 148,149,
153,155,160,161,166,173,177—
181,183—185,191

生成语义学 Generative
Semantics 133,173,176

生理语音学 physiological
phonetics 176—184,192

实现 realisation 2,17,33,44,48,
53,69,74,81,82,97,140,167,171

实验语音学 experimental
phonetics 112

述位 Rheme 21,23,30,31,33,72,
73

树形图 tree diagram 81,82,114,
145,146,155,158,180,183

双边对立 bilateral opposition 25

斯金纳 Skinner, B. 136

所指 signified 14—16,18,32,38,
40,44,130,131,170

索绪尔 Saussure, F. de 6,8—19,
21,24,34—36,38,41,42,52,109

特鲁别茨柯伊 Trubetzkoy, N. 20,
22,24

天赋假设 Innateness
Hypothesis 137,138

沃尔夫 Whorf, B. 103—107

希伯来语 Hebrew 133

系统 system 3,7,11,13—23,25,
35,37,41,42,45—48,51,53—56,
58—60,73,75,77,80—82,88,99,
105,117,130,137,139,144,168,
172,174

系统单位 systematic units 45

系统语法 systemic grammar 48,
49,53—55,59,82

夏季语言学讲习班 Summer
Institute of Linguistics 129,131

线性分析 string analysis 123—126

项目与变化 Item and Process 128

项目与配列 Item and
Arrangement 128

心理主义 mentalism 88,135

心理主语 psychological
subject 30

新信息 new information 21,30,31,
72,73

新语法学家 Neogrammarians 12,
108,109

行为主义 behaviourism 108—111,

116,136,137
形式主义 formalist 6,7,80,81
选择轴 axis of choice 54
雅各布森 Jakobson, R. 19,21,22,27—29,141,142
言语角色 speech role 54,70
沿流 drift 102,103
叶尔姆斯列夫 Hjelmslev, L. 34—38,47,49
已知信息 given information; known information 21,30,31,33,72,73
意动功能 conative function 21
移动 movement 77,153,160,161,167,168,170—172
   α-移动 α-movement 160
   WH-移动 WH-Movement 160—162
音调特征 tonality features 28
音段音位 segmental phoneme 46,113
音素 phone 4,24,37,43,116,117
音位 phoneme 21,24—29,35,45,46,80,112—114,119—121,127,128,130,131,135,136,153,180
音位学,音系学 phonology 15,21,24,25,27—29,34,42,45,46,47,49,54,77,98,112,181
音响特征 sonority features 27—29,112
音响语音学 acoustic phonetics 112
隐性范畴 covert category 185
印欧语 Indo-European languages 88—92,95,96
永恒对立 constant opposition 27
尤尔达尔 Uldall, H. 34
有限状态语法 finite state

grammar 143,144,146
语法等级系统 grammatical hierarchy 130,131
语法范畴 grammatical categories 44,89,91,92,95,96,131,138,186
语法规则 grammatical rules 137,140,164,167,171
语法主语 grammatical subject 30
语境 context 30—33,39,43—46,51,53,68,71,73,75,76,79,169
语篇功能 textual function 59,60,71—73,76
语气 mood 58,68,69,72,73,77,78,100,131
语态 voice 61,64,78
语言获得机制 Language Acquisition Device 137
语言决定论 linguistic determinism 104,105,107
语言能力 linguistic competence 6,49,81,137—141,171,172,174
语言相对论 linguistic relativity 104,105,107
语言运用 linguistic performance 74,81,140
语义表达 semantic representation 149,164,167,177—179,181—185
语音等级系统 phonological hierarchy 130
语音规则 phonological rules 167
语音学 phonetics 5,15,21,24,27,34,112
语域 register 79,80,83
语旨 tenor of discourse 76,77,79

元音性 vocality 28,29
约束条件 binding conditions 164—166
韵律分析 prosodic analysis 45,46
韵律音位学 prosodic phonology 45,46
照应 anaphora 78,164—166
直接成分 immediate constituent 46,118,122,128,141,145
指称等级系统 referential hierarchy 130
指称功能 referential function 21
指称意义 referential sense 43
中和对立 neutralisable opposition 26
主位 Theme 21,23,30,31,33,69,72,73,78,169
主音位 primary phoneme 113
转换 transformation 30,80,117,124—126,141,147—150,153—155,159—163,167—169,177,179—181,183,184,186,188,190
转换规则 transformational rules 80,141,146—149,153,154,159,160,163,168,180,181,184,185,188
被动转换 passive transformation 148,149
准音位单位 phonematic unit 45
组合关系 syntagmatic relations 19,27,44—46,54
最简方案 Minimalist Program 134,171—174
最简探索 Minimalist Inquiries 134,173,174
最小对 minimal pair 112
X杠理论 X-bar Theory 155—159,166